3º SETOR:

DESENVOLVIMENTO SOCIAL SUSTENTADO

GIFE – Grupo de Institutos, Fundações e Empresas
Av. Dr. Cardoso de Melo, 1666 – 9° andar – Vila Olímpia – São Paulo-SP – CEP: 04548-005
Tel./Fax: (11) 3849-2022 www.gife.org.br e-mail: gife@gife.org.br

3º SETOR:

DESENVOLVIMENTO NACIONAL SUSTENTADO

Evelyn Berg Ioschpe

Ruth Cardoso

Jeremy Rifkin

Rubem César Fernandes

José Bernardo Toro

Andrés A. Thompson

Antonio Saenz de Miera

Peggy Dulany

Roberto Paulo César de Andrade

Antônio Carlos Martinelli

Lester Salamon

Kathleen D. McCarthy

Jacques Marcovitch

Marcos Kisil

Joaquim Falcão

Gilberto Dimenstein

PAZ E TERRA

Produção Gráfica: Katia Halbe

Dados Internacionais de Catalogação na Publicação (CIP)
(Sindicato Nacional dos Editores de Livros, SP, Brasil)

Ioschpe, Evelyn [et. al.]
3º Setor: desenvolvimento social sustentado
Rio de Janeiro, Paz e Terra, 2005.

1. Terceiro setor 2. Desenvolvimento econômico
3. Autonomia 4. Participação social I. Ioschpe, Evelyn

ISBN: 85-219-0264-6

97-0600 CDD 361.7
060597 CDU 363
0030 090597

EDITORA PAZ E TERRA S/A
Rua do Triunfo, 177
Santa Ifigênia, São Paulo, SP – CEP: 01212-010
Tel.: (011) 3337-8399

E-mail: vendas@pazeterra.com.br
Home page: www.pazeterra.com.br

2005
Impresso no Brasil / *Printed in Brazil*

PREFÁCIO

Evelyn Berg Ioschpe[*]

*Socióloga e jornalista, dirige a Fundação Iochpe e foi presidente do GIFE – Grupo de Institutos, Fundações e Empresas, de 1995 a 1997.

A construção deste livro é, em larga medida, a construção de um pensamento que, se ao final da leitura parece unívoco, é de fato novo e, no entanto, surpreendentemente afinado. Esta coletânea, que nasceu da realização do III Encontro Ibero-Americano do Terceiro Setor em setembro de 1996 no Rio de Janeiro, discute justamente o conceito *"Terceiro Setor"*, suas formas e limites. É interessante que esta tenha sido a questão de fundo para a maior parte dos ensaístas que o Conselho Editorial convidou para abordar o tema. O próprio III Encontro que lhe deu origem chamava-se, nas suas edições anteriores na Espanha e no México, *Encuentro Iberoamericano de Filantropía.*

No Brasil o GIFE — Grupo de Institutos, Fundações e Empresas, que vinha se reunindo informalmente desde 1989, adensando sua visão conceitual, decidiu acolher o empreendimento mudando-lhe a designação. *Filantropia* vem do grego e significa "amor à humanidade", implicando uma ação altruísta e desprendida. As fundações, institutos e empresas reunidos pelo Grupo viam iniciar-se seus programas num momento em que a ótica de mercado já não permitia este desprendimento, exigindo a previsão de retorno do investimento realizado tanto em relação ao beneficiário como ao investidor. É claro que este retorno não se traduz em moeda, mas sim em desenvolvimento. *Filantropia,* no entanto, não é igual a *desenvolvimento social,* que é uma ação tradicionalmente atribuída ao Primeiro Setor, o governo. E nós falávamos do ponto de vista do Segundo Setor, o mercado, designando o conjunto de ações que acontece no interior do Terceiro Setor — aquele que é público, porém privado.

Parece simples, mas não é. Sob o impacto de um Estado que vem diminuindo sua ação social e de uma sociedade com necessidades cada vez maiores, cresce a consciência nas pessoas — tanto físicas quanto jurídicas — de que é necessário posicionar-se proativamente no espaço público, se o que se deseja é um desenvolvimento social sustentado.

Equação óbvia, operação nem tanto. Trata-se de uma revolução nos papéis sociais tradicionais, que requer maturação para chegar a ser absorvida. Como todo processo social, há um complexo de interveniências que vão configurando a ação e algumas pessoas que, em momentos dados, conduzem o caminho. Quero homenagear aqui Antonio Saenz de Miera que fez realizar o *I Encuentro Iberoamericano de Filantropía* em Cáceres, na Espanha, e Manuel Arango, que assumiu a responsabilidade sobre o segundo, em Guadalajara, no México. Quem trouxe a bandeira ao Brasil foi Margarida Ramos, da Fundação Roberto Marinho, que em nome do GIFE assumiu a Secretaria-Geral do evento, apoiada por uma equipe liderada por Christine Röhrig.

O livro inicia como iniciou o III Encontro: com as palavras da dra. Ruth Cardoso, antropóloga, primeira-dama do país e presidente do Comunidade Solidária. Ela descreve o Terceiro Setor como um espaço de participação e experimentação de novos modos de pensar e agir sobre a realidade social. É o surgimento de uma esfera pública não-estatal e de iniciativas privadas de sentido público, reconhece. Este reconhecimento explica a emergência do programa que lidera: o Comunidade Solidária. A atitude tradicionalmente assistencialista das esposas dos governantes, papel híbrido que as primeiras-damas desempenhavam, sempre teve importante papel simbólico, acenando padrões referenciais de comportamento. Aqui esta atitude é substituída por um programa de ação que busca comprometer governo e sociedade civil através de novos espaços e canais de interlocução.

O engajamento de Ruth Cardoso na agenda do Terceiro Setor sinaliza significativa mudança, sobretudo considerando o impacto que o cenário econômico imprime sobre a realidade social.

Este é o tema de Jeremy Rifkin, que retoma aqui sua análise feita num livro que o tornaria *best seller* mundial: *O Fim do Emprego.* Verificando os reflexos que a Era da Informação traz sobre a atividade econômica e, conseqüentemente, a empregabilidade, Jeremy Rifkin aponta para o século XXI como o século da corporação virtual, em que será necessário repensar o contrato social. Estimando que nas primeiras décadas do milênio não restará mais que 2% da força de trabalho na indústria, ele aponta para uma nova revolução em que será necessário criar capital social, otimizando o bem-estar da comunidade.

Vem daí o crescimento que ele aponta para o Terceiro Setor, a fim de que milhões de pessoas possam ser liberadas para restaurar a vida familiar e comunitária.

No capítulo seguinte Rubem César Fernandes descreve o Terceiro Setor como composto de "organizações sem fins lucrativos, criadas e mantidas pela ênfase na participação voluntária, num âmbito não-governamental, dando continuidade às práticas tradicionais da caridade, da filantropia e do mecenato e expandindo o seu sentido para outros domínios, graças, sobretudo, à incorporação do conceito de cidadania e de suas múltiplas manifestações na sociedade civil.

Rubem César dá contorno a este Terceiro Setor do Brasil falando sobre a existência do número estimado de 200 mil organizações da sociedade civil que possivelmente correspondam a 1 milhão de empregos. Tendo liderado o memorável Viva Rio, que levou centenas de milhares de pessoas às ruas em defesa do Rio de Janeiro, diz que o Terceiro Setor é mais rico em sua eficácia simbólica que em resultados quantitativos.

A abordagem de Lester Salamon contrapõe elementos quantitativos para demonstrar que o Terceiro Setor é uma idéia sim, mas é ao mesmo tempo uma realidade dotada de grande força econômica. Ao gerar capital social, o Terceiro Setor, longe de ser ineficiente, parece mais decisivo para o progresso econômico e para a democracia que o capital humano ou físico.

Para além de suas dimensões econômicas, o Terceiro Setor é também uma força que já nasce multinacional: Peggy Dulany descreve no quarto capítulo as dificuldades e utilidades de estabelecer uma parceria, exemplificando com parcerias internacionais que observa desde Nova York de um ponto de vista privilegiado e que jogam luz sobre a feição deste setor na América Latina.

Este é, de fato, o grande desafio: entender o Terceiro Setor gestado no Primeiro Mundo em sua feição latina e objetivando causar impacto em sociedades de baixa participação. Bernardo Toro pensa esta reversão construindo uma *paideia*, considerando que a máxima expressão da participação é a possibilidade de criar a ordem em que se quer viver. Assim, vê como função do Terceiro Setor passar de uma ordem recebida a uma ordem produzida ou autofundada.

Penso ser aí que resida a diferença básica entre a atividade de filantropia tal como ela é vivida nos Estados Unidos e a atividade do Terceiro Setor na América Latina. A democracia americana não necessita ser refundada — é um dado da realidade tão confiável como o fato de que as quatro estações se sucedem. Já a democracia latino-americana é tão certa quanto a primavera de Praga e precisa, sim, ser produzida e assegurada pelo cidadão. Enquanto a filantropia legitimamente se debruça sobre a melhoria da qualidade de vida num asilo, as questões que mobiliza Terceiro Setor são as de *empowerment*, que em no espanhol é "empoderamento" e que em português está por ser inventado.

O conceito de Terceiro Setor não se refere, no entanto, a uma massa de instituições homogêneas. Cabem dentro do conceito tanto aquelas que doam recursos como as que recebem — para fazer apenas um primeiro recorte. Esta discussão é o pano de fundo do artigo de Andrés Thompson, que diz ser difícil afirmar que exista um interesse comum entre as instituições do Terceiro Setor, apesar de reconhecer pontos de encontro e trajetórias históricas comuns.

Roberto Paulo César de Andrade se encarrega de pontuar esta trajetória histórica, enfocando a alternância dos mitos (o do Estado, que dá lugar ao do mercado) e apontando para a necessidade de buscar o equilíbrio através de um Estado democrático de âmbito reduzido ao essencial, que não se enquadra na esfera da ação dos outros dois setores: economia de mercado globalizada tanto quanto possível e um Terceiro Setor forte, eticamente estruturado e abrangente.

No artigo seguinte Antônio Carlos Martinelli analisa especificamente o segmento que emerge do mercado e diz respeito à empresa-cidadã, evidenciando o rico acervo de recursos potencialmente mobilizáveis para o desenvolvimento social. Mostra ainda como a empresa se beneficia desta atitude de responsabilidade social.

O que é então necessário para que este novo ator social se estruture num setor eficaz, sobretudo considerando o verdadeiro *boom* que ele experimenta?

Kathleen McCarthy, da New York University, e Jacques Marcovitch, da USP abordam a capacitação e pesquisa necessárias para o desenvolvimento de um setor transparente e confiável. Marcovitch condiciona esta ação ao afirmar que as habilidades gerenciais devem ser trabalhadas quando estiver constituída a base de valores e conhecimento que permita uma visão estratégica e prospectiva ante as dimensões da exclusão social vigentes no Brasil.

O ponto de vista europeu é trazido por Antonio Saenz de Miera, na medida em que unidade e diversidade propiciaram um quadro mais favorável e estimulante para a criação e desenvolvimento das fundações em cada um dos países europeus. Ainda assim, observa que o grande ausente na construção européia é justamente a Europa não-governamental, já que inclusive o Terceiro Setor europeu é fortemente dominado pelo Estado.

Esta construção passa, necessariamente, pelo papel da imprensa — enfocado por Gilberto Dimenstein e Joaquim Falcão. Gilberto fala do "cinismo das redações" e, ao mesmo tempo, reclama do monopólio das primeiras-damas.

Joaquim problematiza o relacionamento imprensa x Terceiro Setor, afirmando que enquanto aquela trabalha com a dicotomia público-governo *versus* privado-sociedade, e sobretudo se concentra nessa problemática, o Terceiro Setor está voltado para a "solucionática", gerando culturas essencialmente distintas entre si. Defende um jornalismo cívico que não nega as influências mas as assume em favor do país.

Por fim — e quase como um apêndice — Marcos Kisil explicita de maneira didática os critérios e conceitos de uma das maiores fundações do mundo: a Kellogg Foundation, trazendo para o foro da discussão a sustentabilidade, que acabou dando título a este livro. Conceito originado no debate ecológico das décadas de 60 e 70, tem sido usado na área social para referir os problemas de esforços desenvolvimentistas humanos de longo prazo. A idéia que o pauta é que o uso de recursos hoje não deveria reduzir os ganhos reais no futuro. Assim, o desenvolvimento é sustentável se ele pode trazer às gerações futuras um nível de desenvolvimento *per capita* igual ou superior àquele atingido pela geração presente. Isto implica que haja uma busca por relações de mútuo fortalecimento entre os níveis micro e macro de desenvolvimento social, de forma a levar para a escala maior os pequenos sucessos dos projetos de desenvolvimento do microuniverso, dentro de uma visão de mudança estrutural que a Kellogg professa. Neste amplo universo do Terceiro Setor, Marcos Kisil desenha uma tipologia, categorizando as instituições, seu relacionamento com os demais setores, suas necessidades e resultados, bem como o papel crucial das lideranças na condução deste processo.

Por fim, neste momento de extraordinário desenvolvimento do Terceiro Setor, a leitura desta obra é elucidativa na medida em que contrapõe diferentes pontos de vista. Fica claro, de qualquer forma, que, como afirma Ruth Cardoso, esta é a "etapa de afirmação de uma novidade, o que implica enfatizar sua autonomia e relevância".

Estas muitas partes de um todo tem a coerência interna de um projeto que poderia parecer utópico se já não fosse uma prática estabelecida: para além do Estado e do mercado, trata-se da busca pela TZEDAKÁ, que em hebraico pode remeter ao conceito de filantropia, mas que significa — exatamente — Justiça Social.

São Paulo, maio de 1997

ÍNDICE

FORTALECIMENTO DA SOCIEDADE CIVIL

Ruth Cardoso[*]

* Doutora em antropologia pela Universidade de São Paulo, professora licenciada do Departamento de Antropologia da Faculdade de Filosofia, Letras e Ciências Humanas da mesma universidade, autora de diversos livros, atualmente é presidente do Conselho da Comunidade Solidária.

Gostaria, inicialmente, de realçar a importância que atribuo a este Encontro Ibero-Americano do Terceiro Setor e declarar meu apoio a esta iniciativa. Foi a crença na existência, relevância e potencialidade de um Terceiro Setor, não-lucrativo e não-governamental, que inspirou o desenho do programa que coordeno através do Conselho da Comunidade Solidária.

Tudo isso é novo e está se configurando debaixo de nossos olhos. O próprio conceito de Terceiro Setor, seu perfil e seus contornos ainda não estão claros nem sequer para muitos dos atores que o estão compondo. São vários os termos que temos utilizado para caracterizar este espaço que não é Estado nem mercado e cujas ações visam ao interesse público: iniciativas sem fins lucrativos, filantrópicas, voluntárias.

Faço aqui uma analogia com a noção de Terceiro Mundo. Nos anos 50, vivíamos uma situação conceitualmente semelhante ao que vivemos hoje. Todos sabiam o que era o Primeiro Mundo, o conjunto dos países capitalistas avançados; todos sabiam o que era o Segundo Mundo, a área socialista; e havia algo mais, uma realidade nova em formação que não era nem uma coisa nem outra. A essa realidade emergente chamou-se então Terceiro Mundo. Aos poucos, o processo de diferenciação interna desse conjunto foi tornando cada vez mais difícil empregar a expressão, que terminaria por perder sentido. No momento inicial, no entanto, quando nos referíamos ao Terceiro Mundo afirmávamos uma idéia de diferença, de autonomia, de independência em relação aos dois mundos já claramente estabelecidos.

Parece-me oportuna essa referência na medida em que a idéia de independência é também o que caracteriza esta realidade nova constituída pela emergência dos cidadãos e de suas organizações como atores do processo de consolidação da democracia e do desenvolvimento social. Recorremos hoje à expressão Terceiro Setor para distingui-lo do primeiro, que é o setor público, e do segundo, representado pelas atividades lucrativas. Com essa denominação, queremos também enfatizar o caráter autônomo e inédito desse algo novo que está mudando a sociedade e que se define por não ser nem governo nem empresa, por não querer submeter-se nem à lógica do mercado nem à lógica governamental.

Tenho a convicção de que o conceito de Terceiro Setor descreve um espaço de participação e experimentação de novos modos de pensar e agir sobre a realidade social. Sua afirmação tem o grande mérito de romper a dicotomia entre público e privado, na qual público era sinônimo de estatal e privado de empresarial. Estamos vendo o surgimento de uma esfera pública não-estatal e de iniciativas privadas com sentido público. Isso enriquece e complexifica a dinâmica social.

O Terceiro Setor, por sua vez, é um campo marcado por uma irredutível diversidade de atores e formas de organização. Na década de 80 foram as ONGs que, articulando recursos e experiências na base da sociedade, ganharam visibilidade enquanto novos espaços de participação cidadã. Hoje percebemos que o conceito de Terceiro Setor é bem mais abrangente. Inclui o amplo espectro das instituições filantrópicas dedicadas à prestação de serviços nas áreas de saúde, educação e bem-estar social. Compreende também as organizações voltadas para a defesa dos direitos de grupos específicos da população, como as mulheres, negros e povos indígenas, ou de proteção ao meio ambiente, promoção do esporte, da cultura e do lazer. Engloba as múltiplas experiências de trabalho voluntário, pelas quais cidadãos exprimem sua solidariedade através da doação de tempo, trabalho e talento para causas sociais. Mais recentemente temos observado o fenômeno crescente da filantropia empresarial, pelo qual as empresas concretizam sua responsabilidade e compromisso com a melhoria da comunidade.

É possível que o conceito de Terceiro Setor deva seguir o mesmo percurso histórico que foi trilhado pela noção de Terceiro Mundo. Pode ser que sua diferenciação interna se acentue de tal forma que, no futuro, essa designação já não sirva como conceito unificador e identificador. Hoje estamos ainda na etapa de afirmação de uma novidade, o que implica enfatizar sua autonomia e relevância. No Brasil, como de resto em toda a América Latina, o Terceiro Setor existe, está em processo de fortalecimento e tem um papel insubstituível na mobilização de recursos humanos e materiais para o enfrentamento de desafios como o combate à pobreza, à desigualdade e à exclusão social.

Foi com base nesse reconhecimento da existência e potencialidade de um novo campo de iniciativas sociais que criamos, no início do atual governo, o Programa Comunidade Solidária. Passados dois anos da implantação do programa, creio que a experiência nos mostra que estamos experimentando o processo de construção de novos espaços e canais de interlocução entre o governo e a sociedade civil. O Conselho da Comunidade Solidária, órgão de coordenação do programa, é um espaço intermediário de diálogo e plataforma para ações comuns envolvendo tanto o governo quanto diferentes setores da sociedade. A composição do Conselho inclui ministros de Estado e 21 representantes da sociedade civil, com atuação reconhecida em organizações não-governamentais, igrejas, universidades, mundo da cultura, empresas públicas e privadas.

Esse desenho facilita o encontro entre a lógica governamental, marcada pela permanência e universalidade das políticas, e a lógica da sociedade civil, marcada pela defesa de interesses específicos e experimentação de formas inovadoras de ação. É necessário reconhecer que essas lógicas são diversas e que não é fácil encontrar os caminhos de sua convergência e complementariedade. Por isso mesmo temos valorizado as noções de interlocução e de parceria. Estamos aprendendo, governo e sociedade, a pensar e agir juntos, a identificar o que cada um faz melhor, sem que isso implique confusão de papéis ou abdicação da autonomia e responsabilidade inerente a cada parceiro.

Outro aspecto inovador do Comunidade Solidária é o desempenho de uma função que é mais de facilitar, mobilizar, catalisar energias e recursos do que executar diretamente programas e projetos. Só estamos trabalhando com parcerias, quer elas envolvam governo e sociedade, quer se dêem entre grupos da própria sociedade. Isso não implica que o Comunidade Solidária não tome iniciativas de propor e viabilizar projetos em áreas prioritárias que ainda não estão suficientemente atendidas, como a capacitação de jovens e a criação de mecanismos que tornem o crédito acessível a populações de baixa renda. Temos apoiado a formulação de programas pioneiros e inovadores nessas áreas, buscando encontrar os parceiros que os levem a cabo.

É importante ficar bem claro que, ao exercer esse papel articulador e mobilizador, não pretendemos em nenhum momento substituir nem a ação governamental na área social nem as múltiplas iniciativas autônomas da sociedade civil. Cada um desses espaços continua a existir com suas especificidades e características. A novidade consiste na busca de formas que nos permitam potencializar os recursos e energias existentes no Terceiro Setor, combinando-os com as iniciativas governamentais. Para isso é essencial estimular tanto a interlocução interna ao Terceiro Setor quanto entre ele e as instâncias governamentais, nos níveis federal, estadual e municipal.

Resistências e preconceitos, frutos de uma história passada de conflito e oposição entre um Estado autoritário e uma sociedade civil denunciadora e reivindicativa, precisam ser superados. Existe ainda uma inegável dificuldade da burocracia governamental para entender os objetivos e o tipo de atuação das entidades do Terceiro Setor. Por outro lado, também em setores do Terceiro Setor persiste uma certa desconfiança em relação a parcerias com o governo.

Tenho a sensação de que essas reticências recíprocas tendem a ser superadas mediante o diálogo e o desenvolvimento de iniciativas concretas de parceria.

O lugar das ações de governo, a meu ver, está claramente demarcado. Cabe ao governo garantir os direitos essenciais e universais dos cidadãos, os quais, por sua vez, podem e devem exigir que isso se faça de modo eficiente e eqüitativo. No Brasil, o papel da sociedade civil foi bastante significativo na defesa de direitos básicos de cidadania quando eles não estavam garantidos. Hoje é tarefa e responsabilidade dos ministérios governamentais assegurar o acesso à educação, saúde, ao trabalho e à cultura a todos os cidadãos deste país.

Isso, no entanto, não é suficiente em países como o nosso, com uma herança profunda de desigualdade e marginalização. Precisamos de ações diretas e pontuais visando a corrigir distorções e desequilíbrios que se acumularam ao longo do tempo. Acredito que o fortalecimento da sociedade civil e de sua atuação no campo do desenvolvimento social é o caminho correto para que possamos superar essa herança pesada de injustiça e exclusão. Não considero esse caminho correto pelo simples fato de que aliviaria a tarefa do governo, retirando de seus ombros uma parcela de sua responsabilidade. Não se trata disso, mas sim de reconhecer que a ação do Terceiro Setor no enfrentamento de questões diagnosticadas pela própria sociedade nos oferece modelos de trabalho que representam modos mais eficazes de resolver problemas sociais.

A grande contribuição que está sendo dada pelo Terceiro Setor é a busca e experimentação, ainda que em escala pequena, de soluções inovadoras para os problemas que ele se propõe enfrentar. É essa construção de novas formas de agir na área social que distingue a atuação do Terceiro Setor da ação governamental. Organizações da sociedade civil ganharam uma competência no modo de se relacionar com e intervir junto a grupos sociais específicos, como, por exemplo, crianças em situação de risco. Para serem bem-sucedidas, iniciativas voltadas para estes grupos mais frágeis e vulneráveis requerem regras e modos de atuação que só se constróem através da ação e experimentação. É essa eficácia que o governo precisa aprender, daí a importância dessa interação entre atores diferentes.

Um outro desafio para o Comunidade Solidária consiste em se perguntar como contribuir para uma ainda maior qualidade e eficiência do trabalho que vem sendo realizado pelas entidades do Terceiro Setor. Em resposta a essa questão, começamos a desenvolver no segundo semestre de 1996 um programa de fortalecimento da sociedade civil, que consideramos de alcance estratégico. Seu objetivo é criar as condições e mecanismos para uma melhor participação das organizações da sociedade civil no desenvolvimento social através de ações integradas em três áreas prioritárias: aperfeiçoamento do marco legal e institucional que regula o relacionamento destas organizações com o governo, produção de conhecimento e informação sobre o Terceiro Setor, promoção do voluntariado.

O Terceiro Setor, já dissemos, é uma realidade nova, complexa e diversificada. Por isso mesmo é preciso que comecemos a discutir o marco legal que o regula. No Brasil, a legislação que se aplica ao setor não lucrativo é antiquada e inadequada. Ela não dá conta de fenômenos novos como a responsabilidade social do setor privado empresarial e as relações crescentes de parceria, em todos os níveis, entre órgãos públicos e organizações não-governamentais. A legislação vigente, ao tratar de forma indiferenciada todo e qualquer tipo de associação civil, não estimula a atuação dos cidadãos e o investimento social da empresa. Tampouco coíbe eventuais abusos praticados em nome da filantropia e da assistência social. Rever este emaranhado legal de modo a simplificá-lo e torná-lo mais transparente e adequado é uma necessidade urgente.

Não dispomos ainda no Brasil de informações sistemáticas e confiáveis sobre o Terceiro Setor. Os dados estão dispersos por instâncias governamentais e particulares, sendo trabalhados de maneira heterogênea e irregular. Por esta razão o Comunidade Solidária está apoiando a criação de uma Rede de Informações do Terceiro Setor com o objetivo de produzir e disseminar conhecimentos e informações sobre este mundo em pleno crescimento.

O voluntariado no Brasil é uma realidade dinâmica, mas ainda praticamente invisível. As organizações de voluntários têm poucas oportunidades de trocar experiências e somar esforços em iniciativas de interesse comum. Muitos cidadãos gostariam de expressar sua generosidade mas não encontram canais adequados através dos quais chegar às organizações de voluntários e comunidades. O Conselho da Comunidade está empenhado em assegurar maior visibilidade, qualidade e continuidade às muitas iniciativas de trabalho voluntário já em curso. Para isto estamos propondo e apoiando a criação de Centros de Voluntários que seriam elos, em cada cidade, entre aqueles que desejam doar seu tempo e trabalho e aqueles que precisam de apoio e ajuda. Esperamos contar já com cinco destes centros funcionando no primeiro semestre de 1997.

Além desta iniciativa estratégica, o Conselho da Comunidade Solidária tem desenvolvido programas específicos em parceria com diferentes entidades. A Universidade Solidária é uma iniciativa que mobiliza recursos e competências das universidades brasileiras, Ministério da Educação, Forças Armadas e empresas privadas. Temos um programa de capacitação de jovens em situação de risco executado por organizações da sociedade civil e financiado por recursos captados pelas empresas revendedoras de veículos. Temos também construído parcerias com empresas em apoio a programas governamentais de combate à pobreza e exclusão social. Um exemplo típico destas novas iniciativas é a parceria com a associação de indústrias farmacêuticas (ABIFARMA), que ofereceu recursos para equipar os agentes de saúde do Ministério da Saúde, cuja ação preventiva nos municípios mais pobres tem reduzido drasticamente a mortalidade infantil. Vale notar que a ABIFARMA não só se dispôs a comprar todo o equipamento como também utilizou sua competência gerencial para fazê-lo chegar de modo eficiente aos agentes espalhados pelos municípios de mais difícil acesso do país. Esta experiência representa, a meu ver, um exemplo muito bem-sucedido de parceria entre governo e sociedade.

Tenho a certeza de que, nos próximos meses, vamos continuar ampliando nossa capacidade de ação e áreas de atuação na medida em que sejamos capazes de definir com clareza que o Programa Comunidade Solidária é, antes de tudo, um espaço de solidariedade e articulação entre todos esses parceiros. Não é um órgão executor de programas, mas desempenha um papel importante de indutor de idéias, promotor de parcerias, mobilizador de recursos, catalisador de iniciativas.

Acredito que este é um caminho que vale a pena continuar a explorar com entusiasmo e a aperfeiçoar com as lições da experiência, do mesmo modo que acredito que o Terceiro Setor é o caminho para uma ação social conseqüente e eficaz. A multiplicação de experiências bem-sucedidas pode levar, gradualmente, a uma replicação de iniciativas por outros atores sociais, ampliando a escala e sinergia de nosso trabalho. Para isto, mais do que nunca precisamos incrementar o diálogo e trabalhar de forma conjugada e coordenada. Esta é a proposta do Comunidade Solidária.

IDENTIDADE E NATUREZA DO TERCEIRO SETOR

Jeremy Rifkin[*]

[*]Autor de mais de trinta livros sobre tendências econômicas e questões relacionadas a ciência, tecnologia e cultura. É formado em economia pela Wharton School of Finance and Commerce, da Universidade da Pensilvânia, e em assuntos internacionais pela Fletcher School of Law and Diplomacy, da Universidade de Tufts. É presidente da Foundation on Economics Trends em Washington.

O mundo hoje está em meio a uma transformação fundamental na natureza do trabalho, ou seja, saindo da era industrial e entrando na era da informação. Computadores sofisticados, tecnologias de telecomunicações, robôs e outras máquinas inteligentes já vêm tomando o lugar de várias categorias de trabalho em seus países. Quem hoje trabalha como secretária, auxiliar de escritório, telefonista, bibliotecário ou ocupa um cargo numa empresa como gerente intermediário ou como vendedor em lojas e no varejo terá muito provavelmente seu emprego extinto antes do final da sua vida. A melhor maneira de ilustrar a dimensão dessas mudanças econômicas que acontecerão é olhar o caso da agricultura no século passado. Os Estados Unidos, há cem anos, eram um país agrícola. A maior parte dos trabalhadores estavam nas plantações. Hoje, menos de 2% dos trabalhadores norte-americanos estão no setor agrícola. Existe uma tecnologia muito sofisticada produzindo o rendimento agrícola do país. Imaginemos que se dissesse a um agricultor há cem anos que, no século seguinte, os agricultores seriam pagos para não produzirem. Agora, estamos diante de uma revolução tecnológica, que entra nas indústrias manufatureiras e de serviços, trazendo consigo sérias implicações para a sociedade civil.

Quase a metade da população do planeta depende da terra. Para essas pessoas, a revolução neolítica ainda está acontecendo. No entanto, as novas tecnologias ameaçam mudar isso nos próximos vinte anos. Por exemplo, vejamos o caso da baunilha, que é uma plantação de trabalho intensivo. A baunilha é produzida em três pequenos países da África Oriental. Cem mil agricultores dependem dela para sua subsistência. Alguns anos atrás, duas empresas de biotecnologia fizeram uma experiência: tomaram o gene que codifica a proteína da baunilha e o retiraram do grão de baunilha. Colocaram o gene numa bactéria, que substituiu toda a baunilha natural, sem o grão, sem a planta, sem a terra, sem o agricultor, sem a safra: isso é plantação em tecido, biotecnologia. Agora os cientistas estão trabalhando com tomates, limões, algodão e tabaco. Que vai acontecer em menos de vinte anos, quando pudermos produzir grande parte da nossa comida dentro de casa? É o fim da revolução neolítica, depois de cinco mil anos. O problema é que dois bilhões de pessoas se tornam desnecessárias. As implicações para a civilização são extraordinárias: como nos ajustamos a essa revolução tecnológica em menos de meio século? Que vai implicar isso para todos os países deste hemisfério? Supõe-se que uma vez que se perde um emprego no setor agrícola, pode-se ir a uma cidade como São Paulo e conseguir um trabalho nas empresas, mas as manufaturas estão automatizando-se.

Na década de 1960, os Estados Unidos eram uma nação de trabalhadores de empresas; 1/3 da sua força de trabalho estava nas indústrias. Hoje, menos de 17% dos trabalhadores norte-americanos estão nas indústrias, houve uma redução de 50% e, no entanto, o país continua sendo a primeira potência manufatureira do mundo. Simplesmente faz isso com menos pessoas e mais máquinas. A US Steel Corporation, uma empresa grande, contava com 120 mil funcionários em 1980. Atualmente, tem somente 20 mil funcionários e, apesar disso, está produzindo mais aço do que 120 mil funcionários produziam há 16 anos. Isso é o futuro. Daqui a dez anos, 12% da força de trabalho norte-americana estará nas indústrias e o mais provável é que os Estados Unidos continuem sendo a primeira potência manufatureira. Por volta do ano 2020, haverá uma eliminação virtual do trabalhador da indústria no mundo inteiro. Menos de 2% da força de trabalho deste planeta estará nas indústrias.

Ainda em relação à manufatura, duas indústrias são muito importantes para os países em vias de desenvolvimento: a têxtil e a de componentes eletrônicos. Esses são os dois mercados de mão-de-obra barata responsáveis pelo crescimento em tantos países em vias de desenvolvimento da Ásia e da América do Sul. Os Estados Unidos esperam abrir esses mercados exportando seus produtos. O problema é que, em breve, talvez em cinco anos, o processo de costurar uma peça será automatizado; também na produção de componentes eletrônicos a automatização vem progredindo. O que vai acontecer na Índia, na Tailândia, no Vietnã, no Camboja, na Malásia, em Cingapura e na China quando os Estados Unidos automatizarem os processos de costura e produção de componentes eletrônicos, em menos de dez anos? Durante muito tempo, pensou-se que quem perdia um emprego no setor manufatureiro poderia ser recapacitado no setor de serviços. Já não é assim. As grandes empresas de serviços — bancos, seguradoras, financeiras, lojas — vêm sendo automatizadas. Estão decompondo-se, eliminando cada vez mais infra-estrutura operativa. Estão esvaziando as corporações e criando um novo modelo para o século XXI, a chamada "corporação virtual". É mais uma rede do que uma empresa e está formada por uma pequena elite empresarial, pessoal técnico e profissional e uma força de trabalho temporária, por contrato, contingente (empregos *just-in-time*). Isso está acontecendo em todos os lugares: no México, em Bangalore na Índia, em São Paulo ou em Pyong Yang. Todos vêm orientando-se para a organização de empresas praticamente sem funcionários e virtuais.

Enquanto os três setores tradicionais — agricultura, manufatura e serviços — estão automatizando-se, assistimos ao surgimento de um novo setor, cujo papel é essencial na era da informação. Trata-se do "setor do conhecimento". Os políticos e os economistas esperam que possa ser criado igual número de empregos nesse setor na medida em que são eliminados empregos nos setores agrícola, manufatureiro e de serviços. Essa é a grande esperança: trabalhadores do conhecimento, cientistas, engenheiros, técnicos altamente capacitados, escritores, educadores. Mas, mesmo que fosse possível recapacitar toda a força de trabalho em cada país, o que é inviável, isso levaria anos de educação — ainda assim, sempre supondo-se que isso fosse possível, o mais provável é que nunca haja um número suficiente de empregos capaz de absorver os milhões de pessoas que saem da agricultura, da manufatura e dos serviços. E isso pela seguinte razão: o que separa a era da informação da era industrial é que esta se configura pela existência de trabalho humano massificado para produzir bens e serviços, enquanto aquela se caracteriza pela presença de uma pequena elite e força de trabalho com altos níveis de educação e altos níveis de remuneração (uma empresa gerida por máquinas inteligentes e sofisticadas). Essa é a diferença entre as duas eras, e o êxito do setor do conhecimento dependerá de menos empregos fixos. Será necessário contar com os melhores engenheiros, mas o desenho computadorizado já está substituindo os engenheiros médios. Será necessário contar com os melhores advogados e especialistas em vez de contabilistas, mas *softwares* para diagnóstico já estão substituindo os profissionais médios.

Se algum empresário criar um novo produto na era da informação, poderá manufaturá-lo numa empresa praticamente sem funcionários. Poderá comercializá-lo por meio de empresa quase virtual. A era industrial acabou com a escravidão e a era da informação vai acabar com o trabalho remunerado massificado. Esse é o momento da história no qual entraremos em breve. Para a civilização, isso é um extraordinário desafio e potencialmente uma grande oportunidade. Infelizmente, ainda não se discute como fazer disso uma oportunidade; ao contrário, em cada país vem sendo criada uma sociedade bipolar. Vinte por cento da força de trabalho de diversos países — os trabalhadores do conhecimento — são muito bem pagos, fazem parte da nova economia global, pertencem à era da informação e estão apartados do resto da população em qualquer grande cidade. Os 80% restantes — a força de trabalho do setor agrícola e industrial, desde as empresas medianas até as plantações — vêm sendo excluídos da nova economia global. Salários menores em contraste com aumento na produtividade, mais trabalho temporário, mais trabalho contingente, mais trabalho por contrato; portanto, o que se vê pouco antes do ingresso no terceiro milênio da era moderna é um mundo profundamente dividido. O patrimônio somado das trezentas famílias mais ricas do planeta equivale ao patrimônio somado dos 40% da população mais pobre. Ocorre uma polarização profunda, que gera instabilidade política e social crescentes. Mas isso não precisa ser assim. Essa revolução tecnológica é tão profunda que pode libertar a todos nós e as futuras gerações para um renascimento no século XXI. Essas são tecnologias que reduzem o trabalho humano. Como tornar isso uma visão para o século XXI? Como passar do medo à esperança? Duas perguntas são necessárias. A primeira: que fazer com os milhões de pessoas em cada país que, dia a dia, são mais (ou completamente) desnecessárias numa economia cada vez mais global e automatizada? A segunda: como começar um debate sobre o meio de dividir melhor o enorme potencial de produtividade dessa tecnologia, de forma a beneficiar não somente uma pequena elite, mas a sociedade inteira? Esses são os dois assuntos internos e políticos mais importantes, que deveriam estar na agenda de cada país no mundo de imediato.

Os líderes empresariais demonstram muito entusiasmo em relação às novas tecnologias (*management*), pois pretendem reduzir os custos da força de trabalho, implantar as supertecnologias e aumentar seus lucros. Por outro lado, começam a perceber dois problemas sem solução: na medida em que marginalizam sua força de trabalho a empregos parciais, visto que não estão dividindo a produtividade que estão obtendo, o poder aquisitivo da população está caindo em todos os países hoje em dia. Os trabalhadores são também consumidores de produtos e serviços. Quando não se consegue dividir esses ganhos, o resultado final é afetado. Têm sido registradas quedas nas vendas em todos os países nos últimos anos.

O segundo problema: a maior parte dos empregadores quer somente uma força de trabalho parcial e não quer pagar os benefícios trabalhistas ou os fundos de pensão e aposentadoria, portanto preferem uma força de trabalho parcial. O problema é que são esses fundos de pensão e aposentadoria que mantêm o sistema capitalista em funcionamento. Os trabalhadores são não somente os consumidores, mas também os investidores-chave na sociedade capitalista. Os fundos de pensão e aposentadoria equivalem a US$ 8 trilhões. Nos Estados Unidos, os fundos de pensão representam 72% das poupanças. Valem mais do que todos os ativos do sistema bancário norte-americano. São donos de 30% do mercado de valores e de 40% do mercado de bônus. Esses fundos são investidos em diversos países, em toda parte; portanto, na medida em que os empregadores marginalizam seus trabalhadores e os substituem por máquinas, vão diminuindo o poder aquisitivo da população, por um lado, e vão perdendo a principal fonte de fundos de pensão, por outro. Esses dois assuntos são muito mais importantes que todas as discussões em Brasília e em Washington sobre como equilibrar orçamentos e reduzir as taxas de juros. Todo líder empresarial sabe disso, embora não discuta sobre o particular em público.

Existe a esperança de que as corporações se sentem à mesa de negociações, de que se reúnam os líderes empresariais, os trabalhadores e a comunidade, em cada país, para repensar o contrato social. Isso é do interesse de todos: da empresa, dos trabalhadores e da sociedade civil. Como iniciar esse processo? Quando a segunda Revolução Industrial substituiu a primeira no começo deste século — a eletricidade, as linhas de montagem e o petróleo substituíram o vapor —, a tecnologia era espantosa, portanto a pergunta-chave era o que fazer com as pessoas, uma vez que o trabalho humano seria reduzido. Um líder trabalhista elaborou o raciocínio de uma maneira muito clara, ao concluir que "se as novas tecnologias reduzem o trabalho humano em três vezes, elas economizam trabalho". A única questão que todos os países têm de resolver é se essas três vezes vão implicar filas de desempregados ou mais tempo livre. Compartilhar ou não os benefícios? As gerações passadas acreditavam que deviam trabalhar para viver, não viver para trabalhar, diferentemente da nossa, que passou a acreditar que devia viver para trabalhar. Quando um indivíduo se baseia na equação de que ele trabalha para viver, as tecnologias passam a trabalhar para ele, não contra ele. No passado as pessoas uniram-se, organizaram-se em grupos políticos e pressionaram o governo e o mercado até conseguir uma redução de sessenta para quarenta horas semanais de trabalho. Em menos de meio século, conseguiram reduzir isso numa terça parte. Obtiveram aumentos salariais e maiores benefícios; e é assim que definimos o sucesso da segunda Revolução Industrial do século XX: menor número de horas de trabalho por semana e melhor remuneração.

Portanto, há que se perguntar para os jovens do século XXI se não deveriam manter a era da informação dentro das mesmas normas que seus avós mantiveram a era industrial. Precisamos de uma semana de trabalho de trinta horas nos próximos dez anos no Brasil, no México, no Chile, nos Estados Unidos, no mundo todo. Esse é o resultado das tecnologias que poupam trabalho humano: libertar milhões de pessoas para que possam restaurar a vida familiar e comunitária, enfim, a vida civil. Trata-se de trabalhar para viver, libertar a humanidade, restaurar a família e a comunidade civil. Mas leva tempo reconstruir a família e restaurar o setor civil. Como convencer os empregadores brasileiros a reduzirem a semana de trabalho e aumentarem os salários? Podemos conseguir isso? A Hewlett Packard, a Renault da França, a BMW da Alemanha, todas essas empresas tinham duas alternativas: ou reduzir o número de horas semanais de trabalho ou reduzir o número de funcionários. Reuniram-se com os sindicatos e lhes propuseram que seus trabalhadores se dispusessem a trabalhar por turnos, de maneira que fosse possível operar as novas tecnologias 24 horas por dia e, com isso, dobrar ou triplicar a produtividade; os ganhos, assim, seriam divididos com os trabalhadores. Nessas empresas, hoje em dia, os funcionários trabalham quatro dias por semana e são pagos por cinco dias de trabalho. Os diretores têm lucros, os trabalhadores têm segurança no trabalho e as tecnologias operam 24 horas por dia.

Durante as últimas eleições presidenciais na França, Arthur Anderson, consultor econômico em Paris, teve uma idéia que pode ser adaptada para qualquer país e parte da seguinte questão: que aconteceria se, por exemplo, o governo brasileiro fosse um negociador, uma ponte entre os dirigentes empresariais, a força de trabalho e a comunidade? Se o governo brasileiro sugerisse aos empregadores no Brasil que tomassem algumas atitudes de maneira voluntária em troca de isenção de impostos, por exemplo, estaria atuando como mediador em uma negociação vantajosa para todos. Os empresários reduziriam em 15% a semana de trabalho; em vez de demitirem funcionários, dividiriam o trabalho. Ainda espontaneamente, implementariam um plano para dividir os ganhos com seus empregados, de modo que, quando lucrassem com as novas tecnologias, aqueles tivessem sua parte nos lucros (eles passariam a ser *stakeholders* e a tecnologia trabalharia para eles e não contra eles). Assim, teriam poder aquisitivo para comprar seus produtos e serviços. Em suma, em primeiro lugar, os empregadores reduziriam as horas de trabalho por semana, em segundo lugar, dividiriam os lucros obtidos e, em terceiro lugar, chegariam a um acordo que garantisse que a compensação para os funcionários em cargos mais altos não seria desproporcional àquela do resto dos seus trabalhadores. Caso concordassem com essas três condições, o governo brasileiro poderia isentar sua empresa do pagamento de impostos. Dificilmente algum empregador no mundo recusaria essa proposta. É um poderoso incentivo, mas, em troca, é preciso dar alguma coisa, é preciso repartir com os trabalhadores os ganhos obtidos graças à produtividade, pois desse jeito todos ganham. Assim, garante-se poder aquisitivo à população, garante-se investimento, obtêm-se maiores lucros, a empresa se torna globalmente competitiva e o governo, de forma voluntária, oferece um auxílio; em vez de regular a empresa, o governo lhe dá um incentivo, mas, em troca, exige alguma coisa: dividem-se os ganhos. Recentemente, o governo francês decretou que qualquer empregador que reduzisse as horas de trabalho por semana em 15%, de maneira a poder empregar um maior número de pessoas, teria abatidos 50% dos impostos da empresa nesse ano e 40% nos cinco anos subseqüentes. Isso pode ser feito em qualquer país imediatamente, e há ainda muitas outras possibilidades.

No entanto, mesmo reduzindo o número de horas de trabalho por semana, há milhões de pessoas que ainda continuam sendo desnecessárias ao mercado. Em quase todos os países está-se discutindo a questão da reforma da Previdência. Todos estão dizendo não a ela. É preciso conseguir trabalhos; e agora os políticos começam a se perguntar "quais trabalhos". Que fazer com os milhões de pobres, de trabalhadores desempregados? Tradicionalmente, as alternativas têm sido o mercado ou o governo. O mercado está atualmente se automatizando e globalizando e precisa de cada vez menos funcionários. Os governos costumavam ser os empregadores de último recurso, mas agora também eles estão reduzindo-se. Costumamos associar a política ao mercado ou ao governo. Quem é de centro à direita vota no partido do mercado; quem é de centro à esquerda vota no partido do governo. É necessário acabar com os paradigmas políticos e compreender que cada país tem três setores e não dois.

Uma vez que se compreenda isso, abrir-se-á a possibilidade de um novo contrato social para esta civilização; trata-se de uma nova visão e de uma nova missão para o século XXI. O setor do mercado cria capitais e empregos de mercado, mas isso não é suficiente. O setor do governo cria capitais e empregos de governo, mas isso também não é suficiente. Existe ainda a sociedade civil, que cria capital social e empregos. Nos Estados Unidos, há 1,2 milhão de organizações sem fins lucrativos ou organizações de serviços. Dez por cento de sua força de trabalho remunerada encontra-se nesse setor. Se o setor sem fins lucrativos dos Estados Unidos fosse uma economia, seria a sétima maior economia do mundo. Há terceiros setores crescentes, porque muitos países têm uma população jovem. O setor de ONGs está crescendo mais rapidamente do que os outros dois. O problema é que os participantes do Terceiro Setor estão em um *status* neocolonial. Pensam como um setor subjugado. Suplicam ao governo, ao mercado e às instituições filantrópicas para obter verbas. Têm de compreender que o governo está começando a desaparecer da vida das comunidades, que seu papel é cada vez menos importante, que está passando a delegar verbas e programas. O mercado está tornando-se cada vez mais globalizado e não interno. Que vai acontecer com as fundações? A responsabilidade da vida cívica passará a ser delas e do setor não-governamental. Esse é o processo de libertação.

Essa liberdade implica uma nova responsabilidade. O problema do Terceiro Setor é que ainda não tem consciência de sua condição. Falta-lhe uma identidade. Sem identidade, não há poder. Sem poder, não há como o Terceiro Setor tratar como iguais o mercado e o governo; e enquanto isso não acontecer, não poderá começar a lidar com os problemas que a sociedade civil enfrenta em seus respectivos países.

Todos aqueles que dedicam seu tempo ao setor civil — o Lions Club, o Greenpeace, a Assembly of God Church Food, entre tantos outros —, a par de suas diferenças, têm algo em comum, ou seja, as bases potenciais para construir um novo centro político em seus países. Todos os que dedicam seu tempo ao Terceiro Setor acreditam em servir a comunidade, ou seja, em criar capital social. Esse marco comum de referência pode agrupar as comunidades numa nova voz política intermediária entre o mercado e o governo.

Qual é a diferença entre o capital social e o capital de mercado? Adam Smith elabora a melhor definição do capital de mercado. Cada indivíduo maximiza seus próprios interesses no mercado e isso faz com que os interesses da comunidade avancem. Essa é a filosofia tradicional de mercado. O capital social está baseado numa teoria completamente diferente. Cada pessoa dá de si para a comunidade, otimizando o bem-estar desta e, portanto, otimizando os interesses pessoais de cada indivíduo. Portanto, precisa-se tanto do capital de mercado como do capital social. Um equilibra o outro.

Pode-se dizer ainda deste Terceiro Setor que realmente é o primeiro setor. É preciso compreender que, quando se estabelece a civilização, em primeiro lugar, estabelece-se a comunidade (o capital social), depois surge o comércio e o governo: a comunidade sempre vem primeiro. Neste século, invertemos o raciocínio e passamos a crer numa idéia bizarra de que, de início, criamos um mercado forte, pois isso ajuda a construir uma comunidade forte. Isso é completamente falso. Antes, surge a comunidade; posteriormente, começa-se a comerciar, aparece o mercado, depois surge o governo.

Assim, o Terceiro Setor é também o primeiro setor. É fundamental que, em cada uma das comunidades, as pessoas se unam para negociar. É necessário que congreguem os grupos de serviços, os grupos das Igrejas e outros para discutir como construir um novo centro de ação para o setor civil em cada comunidade de cada país. Quem está desempregado em São Paulo não é necessário no mercado, que já está automatizando-se; tampouco é necessário no governo, que já está reduzindo-se; portanto, o caminho a ser seguido deve ser o estabelecimento de uma parceria institucional oficial entre governo e Terceiro Setor.

De maneira que, se alguém está desempregado, por que não fazer com que o Estado trabalhe com o setor não-governamental para recapacitá-lo na arte do capital social, para que ele possa ter um emprego numa das milhares e milhares de organizações comunitárias ou cooperativas, organizações da Igreja, e deixar que os Estados concedam um vale às organizações não-governamentais para que elas possam prover os desempregados com salários decentes e assim reconstruir as vizinhanças, as comunidades, a sociedade civil? A que outro lugar irão as pessoas se não são necessárias no governo? Elas têm somente duas opções: a comunidade ou a prisão. Os Estados Unidos costumam acusar os outros países de terem uma rede social muito elevada e, portanto, não serem competitivos. Mas, na verdade, embora o país divulgue que tem 5,5% de desemprego, que tem criado milhões de novos empregos e reduzido a rede social, milhões de norte-americanos consideram a perda dos empregos seu principal problema. Por que isso acontece se o governo diz que tem criado tantos novos empregos? Porque as cifras do governo não refletem a verdadeira situação, uma vez que não incluem os milhões de norte-americanos que deixaram de procurar emprego. Quem desiste da procura de emprego não é contabilizado. Há seis milhões de pessoas incluídas entre os chamados "homens perdidos" (são quase todos homens). Não são parte da economia e não aparecem nas estatísticas. Há milhões de trabalhadores temporários que costumavam ter empregos fixos. O desemprego real nos Estados Unidos é de 14%. Todavia, criar empregos no setor civil e provê-lo de recursos financeiros custa dinheiro. As fundações podem ser catalisadoras, mas não podem fazer tudo sozinhas. Podem ser a inspiração, o catalisador, o motivador, mas, uma vez concretizada uma parceria entre governo e setor civil, muitas oportunidades novas podem ser criadas. Isso implica ter de falar de impostos, o que não parece oportuno atualmente. O fato é que os empresários terão de pagar impostos de uma maneira ou de outra. Terão de pagar impostos para prisões ou para a comunidade; para celas nas prisões ou capital social, mas nunca conseguirão fugir dos impostos. Quase 3% dos homens nos Estados Unidos estão em prisões aguardando julgamento. Essa é a rede social lá; o Estado garante alimentação e vestimenta a essas pessoas, e custa US$ 30 mil por ano — do dinheiro dos impostos — manter um ser humano na prisão. Mais vale aproveitar esse dinheiro para criar empregos no setor civil.

Últimas considerações: o mundo está diante de um enorme desafio e oportunidade, e as responsabilidades que enfrentarão as fundações, do México ao Chile, são enormes, pois estarão na posição de decidir se catalisam, semeiam e criam uma nova força política intermediária em cada país. Pode-se propor um prognóstico. Se esse diálogo começar, se forem reunidas as organizações sem fins lucrativos, é possível que se veja isso em menos de cinco anos. Ver-se-á o surgimento de uma nova política. Tradicionalmente os partidos políticos representaram o governo ou o mercado; quando a sociedade civil for organizada como um novo centro político, eles assumirão uma nova posição e alguns começarão a dizer que não são o partido do governo nem o do mercado, senão que, em primeiro lugar, representam os interesses da comunidade. Essa é a maneira como os chefes de governo deverão agir. O êxito do mercado e do governo democrático vai depender, finalmente, do êxito do setor civil. Se o setor civil for forte e politicamente ativo e motivado, o mercado florescerá no próximo século. Ainda há que se discutir como repensar a educação, o movimento trabalhista, os sindicatos, os assuntos ambientais, os assuntos da mulher; todos esses temas entram no espectro de uma nova força intermediária. Se essas questões não forem examinadas agora, será praticamente impossível tratar delas daqui a dez anos; as vozes da raiva, do desespero e do ressentimento serão tão fortes que unicamente as ideologias políticas extremas terão êxito. No setor civil há uma redução no trabalho, portanto, deve-se permitir que a revolução tecnológica libere milhões de pessoas para que possam restaurar a família e a comunidade e colocar o setor civil novamente no centro da vida de cada país.

Conferência proferida durante o III Encontro Ibero-Americano do Terceiro Setor, Rio de Janeiro, 19 de setembro de 1996, Brasil, autor de " The end of work", Makron Books, 1996.

O QUE É O TERCEIRO SETOR?

Rubem César Fernandes[*]

[*] Antropólogo, secretário executivo do ISER e secretário executivo do Viva Rio. Entre seus trabalhos de interesse para o tema deste artigo está *Vocabulário de Idéias Passadas*, (Rio de Janeiro, Relume Dumará, 1993).

O Terceiro Setor é um conceito, uma expressão de linguagem entre outras. Existe, portanto, no âmbito do discurso e na medida em que as pessoas reconheçam o seu sentido num texto ou numa conversação. Trata-se de uma expressão ainda pouco utilizada no Brasil. Foi traduzida do inglês (*third sector*) e faz parte do vocabulário sociológico corrente nos Estados Unidos. No Brasil, começa a ser usada com naturalidade por alguns círculos ainda restritos, como o GIFE, por exemplo. É cedo, portanto, para saber se vai vingar entre nós, mas vale a pena discuti-la, pois carrega implicações que a todos importam.

Nos Estados Unidos, costuma ser usada paralelamente a outras expressões, entre as quais duas se destacam: a primeira diz *"organizações sem fins lucrativos"* (*non profit organizations*), significando um tipo de instituição cujos benefícios financeiros não podem ser distribuídos entre seus diretores e associados; a segunda, *"organizações voluntárias"*, tem um sentido complementar ao da primeira. Se o lucro não lhes é permitido e se, como também se supõe, não resultam de uma ação governamental, deriva-se que sua criação seja fruto de um puro ato de vontade de seus fundadores. E, mais, supõe-se ainda que durem no tempo, em grande medida graças a um conjunto complexo de adesões e contribuições igualmente voluntárias.

A lei inglesa, tradicionalista como é, usa uma expressão mais antiga para designar nosso objeto. Fala de *"caridades"* (*charities*), o que remete à memória religiosa medieval e enfatiza o aspecto da *doação* (de si, para o outro) que caracteriza boa parte das relações idealizadas nesse campo. A noção de *"filantropia"*, contraponto moderno e humanista à caridade religiosa, também aparece com freqüência, sobretudo na literatura anglo-saxã. "*Mecenato*" é outra palavra correlata, que nos faz lembrar a Renascença e o prestígio derivado do apoio generoso às artes e ciências.

Da Europa continental vem o predomínio da expressão *"organizações não-governamentais"* (ONGs), cuja origem está na nomenclatura do sistema de representações das Nações Unidas. Chamou-se assim às organizações internacionais que, embora não representassem governos, pareciam significativas o bastante para justificar uma presença formal na ONU. O Conselho Mundial de Igrejas e a Organização Internacional do Trabalho eram exemplos em pauta. Por extensão, com a formulação de programas de cooperação internacional para o desenvolvimento estimulados pela ONU, nas décadas de 1960 e 1970, cresceram na Europa ocidental ONGs destinadas a promover projetos de desenvolvimento no Terceiro Mundo. Formulando ou buscando projetos em âmbito não-governamental, as ONGs européias procuraram parceiros mundo afora e acabaram por fomentar o surgimento de ONGs nos continentes do hemisfério sul.

Assim, ainda que designe uma característica geral do campo em questão, que é justamente sua natureza não-governamental, o termo "ONG" no Brasil está mais associado a um tipo particular de organização, surgida aqui a partir da década de 1970, no âmbito do sistema internacional de cooperação para o desenvolvimento. Sua origem no período autoritário e seu horizonte internacionalizado numa época de exacerbação dos embates ideológicos globais resultaram numa ênfase na dimensão política das ações, aproximando-as do discurso e da agenda das esquerdas.

Na América Latina, inclusive no Brasil, é mais abrangente falar-se de *"sociedade civil"* e de suas organizações. Esse é um conceito do século XVIII que desempenhou papel importante na filosofia política moderna, sobretudo entre autores da Europa continental. Designava um plano intermediário de relações, entre a natureza, pré-social, e o Estado, onde se completaria a socialização pela obediência a leis universalmente reconhecidas. No entendimento clássico, incluía a totalidade das organizações particulares que interagem livremente na sociedade (entre as quais as empresas e seus negócios), limitadas e integradas, contudo, pelas leis nacionais. O conceito foi recuperado na América Latina no período recente das lutas contra o autoritarismo (como, aliás, também no Leste europeu). A literatura hegeliana de esquerda foi instrumental nesse sentido, tendo Gramsci como principal referência. O marxismo de linhagem italiana contribuiu, assim, para que a intelectualidade de esquerda reconsiderasse a questão da autonomia da sociedade civil, com suas inúmeras instituições, ante o Estado. Ocorre, no entanto, que o uso recente trouxe uma importante transformação no escopo do conceito original. Fala-se hoje das organizações da sociedade civil (OSCs) como um conjunto que, por suas características, distingue-se não apenas do Estado mas também do mercado. Recuperada no contexto das lutas pela democratização, a idéia de sociedade civil serviu para destacar um espaço próprio, não-governamental, de participação nas causas coletivas. Nela e por ela, indivíduos e instituições particulares exerceriam a sua cidadania, de forma direta e autônoma. Estar na sociedade civil implicaria um sentido de pertença cidadã, com seus direitos e deveres, num plano simbólico que é logicamente anterior ao obtido pelo pertencimento político, dado pela mediação dos órgãos de governo. Marcando um espaço de integração cidadã, a sociedade civil distingue-se, pois, do Estado; mas, caracterizando-se pela promoção de interesses coletivos, diferencia-se também da lógica do mercado. Forma, por assim dizer, um "Terceiro Setor" (Wolfe, 1992).

Em resumo, pelo que foi visto até aqui, pode-se dizer que o Terceiro Setor é composto de organizações sem fins lucrativos, criadas e mantidas pela ênfase na participação voluntária, num âmbito não-governamental, dando continuidade às práticas tradicionais da caridade, da filantropia e do mecenato e expandindo o seu sentido para outros domínios, graças, sobretudo, à incorporação do conceito de cidadania e de suas múltiplas manifestações na sociedade civil (Fernandes, 1995 e 1996a).

Essa definição soa um tanto estranha porque combina palavras de épocas e de contextos simbólicos diversos, que transmitem, inclusive, a memória de uma longa história de divergências mútuas. A filantropia contrapôs-se à caridade, assim como a cidadania ao mecenato. São diferenças que ainda importam mas que parecem estar em processo de mutação. Perdem a dureza da contradição radical e dão lugar a um jogo complexo e instável de oposições e complementaridades. Não se confundem, mas já não se separam de todo tampouco. Recobrem-se parcialmente, alternando situações de conflito, de cooperação e de indiferença. A irmã de caridade que defende sua creche como uma "ação de cidadania" ou o militante de organizações comunitárias que elabora projetos para o mecenato empresarial tornaram-se figuras comuns.

Segundo o RAIS, do Ministério do Trabalho, em 1991 existiam mais de 200 mil organizações sem fins lucrativos no Brasil, empregando mais de 1 milhão de pessoas (Goes, 1995). São números nada banais, que colocam o setor como a terceira maior categoria na geração de empregos no país. Analisando dados da Receita Federal do mesmo ano, Landin (1993) constatou que a maior parte delas (77%) é composta de "associações" (cerca de 170 mil). Dentre as associações, por sua vez, os maiores números distribuem-se entre beneficentes e assistenciais (29%), recreativas e esportivas (23%) e culturais, científicas e educacionais (19%). Estavam entre as últimas, em 1985, 895 museus e 21.602 bibliotecas. Esses números são notoriamente frágeis, pois as informações sobre o mundo "sem fins lucrativos" não têm sido levadas a sério no país. Valorizá-las é uma parte importante do processo de consolidação do setor. Os números que temos, no entanto, dão uma idéia das dimensões do objeto, ainda que tentativa e incompleta. Não incluem, por exemplo, o trabalho social que é feito no âmbito dos templos religiosos. Cada paróquia da Igreja Católica desenvolve, ao menos, um projeto social. As ordens religiosas desenvolvem trabalhos que ultrapassam os limites das obras formalmente registradas. É comum, por exemplo, que um colégio católico inclua projetos sociais em suas atividades extracurriculares. Os vicentinos, no Brasil desde 1873, especializam-se na organização de voluntários leigos, com um forte componente jovem, que se dedicam a obras sociais de forma sistemática e regular. Organizam-se em grupos locais chamados conferências, cada um composto no máximo de quinze pessoas, que levantam recursos e aplicam-nos segundo uma metodologia comum. Em 1991, as Conferências Vicentinas coordenavam o trabalho social de 300 mil voluntários, com um orçamento anual acima de US$ 18 milhões (Novaes, 1995). Não há centro espírita que não faça, ao menos, uma obra de caridade — uma creche, um ambulatório, campanhas de atendimento. Pesquisa feita sobre a assistência social espírita no estado do Rio de Janeiro encontrou, por exemplo, que somente na distribuição de alimentos a ação espírita no estado beneficia regularmente cerca de 187 mil pessoas cadastradas (Giumbelli, 1995). O trabalho voluntário é tão valorizado entre os espíritas que adquire um sentido propriamente religioso, como a principal expressão prática da doutrina. Pesquisa sobre as igrejas evangélicas no Rio de Janeiro indica que cerca de 20% de seus membros dedicam algum tempo de trabalho voluntário aos necessitados num ritmo semanal. Isto significa algo próximo de 300 mil voluntários evangélicos na região metropolitana do Rio de Janeiro. Pouco sabemos de sistemático sobre os investimentos das empresas particulares em projetos sem fins lucrativos. Vale citar, no entanto, que os projetos apresentados pelas 99 empresas concorrentes ao Prêmio Eco de Filantropia Empresarial, em 1995, totalizavam investimentos no valor de US$ 285.338.662,00. Leilah Landin coordena no ISER um projeto que pretende estimar o peso relativo do Terceiro Setor nas contas nacionais. Considerando o que sabemos através de investigações parciais, pode-se apostar que o resultado dessa pesquisa será impressionante.

Sendo tantos e tão variados os componentes desse "Terceiro Setor", que sentido há em agrupá-los todos sob um mesmo nome? Vejo quatro razões principais, que se manifestam não apenas na retórica, mas também, e talvez sobretudo, em programas e plataformas de natureza prática.

- *Faz contraponto às ações de governo.* Destaca a idéia de que os bens e serviços públicos resultam não apenas da atuação do Estado, mas também de uma formidável multiplicação de iniciativas particulares. Assistência social, educação, saúde, ciência e tecnologia, meio ambiente, cultura, esporte, comunicação, geração de renda e trabalho são áreas típicas de atuação governamental, como se vê pela organização dos ministérios, que no entanto constituem, igualmente, objetos de notória atuação das organizações sem fins lucrativos. Chamando-as por um único nome obtém-se uma idéia maior de sua escala, que, na verdade, é co-extensiva à própria noção de Estado. No limite, não há serviço público que não possa, em alguma medida, ser trabalhado pelas iniciativas particulares. A própria manutenção da ordem, diz a Constituição de 1988, é direito e *responsabilidade* de todos. Internalizar essa idéia e universalizá-la tem, evidentemente, implicações profundas para a cultura cívica do país, que se desdobra em novos modos de conduzir as políticas públicas.

- *Faz contraponto às ações do mercado.* Abre o campo dos interesses coletivos para a iniciativa individual. Ou melhor, empresta-lhe uma nova forma e uma nova visibilidade, uma vez que os indivíduos sempre foram chamados, em alguma medida, a contribuir para o bem comum. Tradicionalmente, esse chamamento era feito, sobretudo, pelas instituições religiosas, que assumiam para si a tarefa de transformar em serviços os apoios recebidos. A disputa eleitoral, na política, é outra área que, desde o início, atraiu as contribuições voluntárias, fosse pela militância individual ou pela doação de recursos. Em ambos os casos, no entanto, a participação individual cumpria-se pela mediação de megainstituições (a Igreja e o Estado), às quais era dado instituir os sentidos e os instrumentos dos interesses coletivos. Associado aqui à noção de "cidadania", o princípio expande-se numa escala sem precedentes. Ultrapassa a distinção entre o profano e o sagrado, bem como a diferença entre consciência pessoal e o mandato das instituições. Rompe a dicotomia entre o público e o privado. Coloca, no limite, para todos, indivíduos e empresas, a pergunta sobre sua participação direta e intransferível na produção (ou destruição) de bens e serviços de interesse comum. Nesse sentido, o Terceiro Setor é co-extensivo com o mercado. O dinheiro circula por todos os cantos, e não há investimento do qual não se possa indagar sobre as conseqüências maiores. Mas o inverso também é verdadeiro. Não há interesse coletivo que, apreendido como uma demanda efetiva, não possa, em princípio, tornar-se objeto de investimentos lucrativos. Educação, saúde, ciência e tecnologia, meio ambiente, cultura, esporte, comunicação, geração de renda e trabalho etc. são, evidentemente, fontes de prósperos negócios. A presença de um Terceiro Setor sinaliza, contudo, que o mercado não satisfaz a totalidade das necessidades e dos interesses efetivamente manifestos, em meio aos quais se movimenta. O mercado gera demandas que não consegue satisfazer, lança mão de recursos humanos, simbólicos e ambientais que não consegue repor. Uma parte substancial das condições que viabilizam o mercado precisa ser atendida por investimentos sem fins lucrativos. Ao Estado, com certeza, mas também à própria iniciativa particular cabe zelar para que esses investimentos sejam efetivamente feitos. Dramatizando essa idéia, as entidades que dão vida ao Terceiro Setor pressionam a cultura empresarial para que se torne mais consciente de suas limitações e mais aberta àquela dimensão difusa, porém decisiva, vizinha às apostas da fé, que se traduz nos cálculos de longo prazo.

- *Empresta um sentido maior aos elementos que o compõem.* Em contraste com a simbologia dominante no pós-guerra, marcada pelas divisões dicotômicas, recupera o valor do pensamento trinário, também de profundas ressonâncias em nossa memória cultural. Modifica, pois, os termos da oposição central do período anterior (Estado *x* mercado), realçando o valor tanto político quanto econômico das ações voluntárias, sem fins lucrativos. Dignifica, nesse sentido, iniciativas que haviam caído em desuso, quando não em desprezo, como as que se reportam aos valores da caridade. Num ambiente competitivo, que se avizinha de um darwinismo econômico, expressões práticas de amor e de solidariedade social saltam aos olhos da opinião pública, repondo o gosto pela sociabilidade. Legitima ações antes marcadas pelo signo do perigo e da subversão, como as que resultam dos protestos dos grupos de interesse particulares. A participação cidadã passa a ser reconhecida como uma condição necessária à consolidação das instituições. Estimula o desenvolvimento da filantropia empresarial, para que obtenha maior valor na estrutura da empresa, enquanto investimento de longo prazo. De atividade marginal, fruto de idiossincrasias pessoais, passa a ser promovida como um indicador de qualidade empresarial. Difunde a idéia do voluntariado como expressão de existência cidadã, acessível a todos e a cada um, indispensável à resolução dos problemas de interesse comum. Atribui, em suma, um sentido fundamental ao conjunto das iniciativas que compõem o Terceiro Setor, comensurável ao que nos acostumamos a atribuir ao Estado e ao mercado.

- *Projeta uma visão integradora da vida pública.* Chama-se terceiro porque supõe um primeiro e um segundo. Enfatiza, portanto, a complementaridade que existe (ou deve existir) entre ações públicas e privadas. Sem o Estado, as ações do Terceiro Setor sucumbiriam na anarquia. Fragmentar-se-iam na medida das contradições próprias aos valores e às intenções. Sabemos que as guerras ("justas") são alimentadas pelo antagonismo entre valores e que são um catalisador notável de adesões voluntárias. O mesmo vale para a violência cotidiana. Os esquadrões da morte, por exemplo, refletem, com freqüência, a iniciativa autônoma de grupos particulares apoiados por algum valor e alguma opinião. É o sistema legal, instituído e mantido pelo Estado, que esclarece os limites das ações voluntárias consideradas legítimas. Com efeito, por definição, o Terceiro Setor não é capaz de regulamentar-se segundo normas de aceitação universal. Constituído pela multiplicidade dos indivíduos, grupos e instituições, carece de mecanismos de representação geral. Não há, em seu interior, quem possa falar e agir em nome de todos. É pelos mecanismos e pela simbologia da representação política que a autoridade legal se faz valer. Mais ainda, vocacionado que é para os objetivos coletivos, interessa ao Terceiro Setor, em princípio, que o Estado seja o mais eficaz possível na execução dos serviços públicos. A cobrança de ações do governo é uma das atividades características das ONGs. Curioso que, num país como os EUA, a maioria das organizações especializadas neste gênero de trabalho, dito de "advocacy", são financiadas pelos órgãos do governo a cuja crítica se dedicam. Na lógica do conceito aqui exposto, não se considera que haja nisso um paradoxo. De igual modo, o Terceiro Setor não teria as características que lhe valem o nome sem o mercado. É (e pode ser) sem fins lucrativos porque supõe a existência do lucro em outro plano. Não houvesse a autonomia do mercado, não haveria a autonomia das organizações sem fins lucrativos. O conceito não fazia sentido nos países socialistas totalitários onde a vida pública era absorvida por inteiro pelo Estado; mas, em contraste, sobreviveu (e até cresceu) sob o autoritarismo militar latino-americano, o qual se apoiava economicamente no mercado. A propriedade privada, como se sabe, é uma pedra fundamental na sustentação da autonomia da sociedade civil ante o Estado. Marx escreveu sobre isso já nos primeiros textos de sua juventude. Por outro lado, o Terceiro Setor não se caracteriza, evidentemente, por investimentos intensivos de capital. Distingue-se, ao contrário, pelo uso extensivo do trabalho, apelando para a sua criatividade e para a sua dimensão voluntária. Não se caracteriza, tampouco, como um campo impulsionador de inovações tecnológicas. Ao invés, padece, com freqüência, de problemas de produtividade. É mais rico em eficácia simbólica (com a sua relevância) do que em resultados quantitativos. Pode-se mesmo dizer que, sem o mercado, os bens e os serviços produzidos no Terceiro Setor tenderiam a reduzir-se às dimensões tradicionais da caridade e do mecenato. A dinâmica expansiva das organizações sem fins lucrativos é complementar à dinâmica do mercado. Marca suas insuficiências, pressiona suas limitações, denuncia seus abusos, assimila suas inovações direcionando-as para áreas excluídas ou ignoradas pelo mercado. A visão integradora, dada pela complementaridade entre os três setores, não exclui conflitos, é claro. Pressupõe mesmo que existam, no interior de cada setor e entre eles. Projeta cenários eivados de tensões, que devem ser resolvidas na dinâmica social. É uma visão dinâmica, geradora de muitas histórias possíveis. Não se apóia, contudo, numa demonstração da sua necessidade. A complementaridade entre o Estado, o mercado e o Terceiro Setor pode dar-se ou não, pode ser mais ou menos feliz, mais ou menos eficaz. Sua sorte depende de múltiplos fatores, alguns previsíveis, outros não. Entre esses fatores de combinatória imponderável está a própria crença de que a integração é possível e desejável. Nessa modesta medida, a disseminação do conceito do Terceiro Setor e de suas expressões correlatas aumenta as oportunidades da integração.

Referências bibliográficas

FERNANDES, Rubem César (1995). "Elos de uma Cidadania Planetária", *Revista Brasileira de Ciências Sociais*. São Paulo, ANPOCS.

__________ (1996a). *Privado, Porém Público — O Terceiro Setor na América Latina*. Rio de Janeiro, Relume Dumará.

__________, (coord.) (1996b). *Novo Nascimento — Os Evangélicos em Casa, na Igreja e na Política*, Relatório de Pesquisa, mimeo. Rio de Janeiro, ISER.

GIUMBELLI, Emerson (1995). *Em Nome da Caridade: Assistência Social e Religião nas Instituições Espíritas*, Textos de Pesquisa. Rio de Janeiro, ISER.

GOES, Sergio (1995). Relatório de Pesquisa para Projeto Filantropia e Cidadania. Rio de Janeiro, ISER.

GOES, Sérgio; ROHDEN, Fabíola (1996). *Empresas e Filantropia no Brasil: Um Estudo sobre o Prêmio ECO*, Textos de Pesquisa. Rio de Janeiro, ISER.

LANDIN, Leilah (1993). *Para Além do Mercado e do Estado? Filantropia e Cidadania no Brasil*, Textos de Pesquisa. Rio de Janeiro, ISER.

NOVAES, Regina (org.) (1995). *Pobreza e Trabalho Voluntário — Estudos sobre a Ação Social Católica no Rio de Janeiro*. Textos de Pesquisa. Rio de Janeiro, ISER.

WOLFE, Alan (1992). "Três Caminhos para o Desenvolvimento: Mercado, Estado e Sociedade Civil", *in* WOLFE, Alan *et. al.*, *Desenvolvimento, Cooperação Internacional e as ONGs*. Rio de Janeiro, IBASE/PNUD.

O PAPEL DO TERCEIRO SETOR EM SOCIEDADES DE BAIXA PARTICIPAÇÃO (QUATRO TESES PARA DISCUSSÃO)

*José Bernardo Toro**

* Diretor geral dos Projetos Nacionais da Fundação Social, Bogotá, Colômbia. Consultor temporário do UNICEF para o Brasil em Mobilização e Comunicação Social. As idéias expostas são de responsabilidade do autor e não comprometem a entidade para a qual trabalha.

TESE 1

A visão-missão do Terceiro Setor em sociedades de baixa participação: contribuir para a construção do projeto de nação

Uma sociedade vai-se convertendo em nação à medida que é capaz de responder pró-ativamente aos desafios que lhe apresenta a história. A construção de uma nação segue um processo similar ao da construção da personalidade humana: vai se configurando de acordo com a capacidade do indivíduo de dar respostas positivas (pró-ativas) aos desafios que lhe apresenta a vida.

Nos países de baixa participação (como é o caso dos países latino-americanos), temos hoje dois grandes desafios:

- Construir uma ordem de convivência democrática.
- Converter-nos em países altamente produtivos sem pobreza interna.

Um dos grandes desafios do Terceiro Setor é encontrar um ponto orientador ao conjunto das múltiplas ações institucionais que executa: desde os processos de autodesenvolvimento através das formas associativas de base (organizações comunitárias, empresas de autogestão etc.), passando pelas ações de acompanhamento e serviços (assistência, socorro, assessoria, treinamento, apoio financeiro etc.); até a representação em grêmios e coordenação interinstitucional (ver Vargas *et al.*, 1992). Essa tese propõe como ponto orientador (como visão-missão) a construção da democracia, a produtividade e a luta contra a pobreza. É o projeto de nação o que pode dar sentido, local e nacional às políticas e estratégias do Terceiro Setor.

O desenvolvimento dessa visão-missão requer um conjunto de delimitações que enunciam as teses seguintes.

TESE 2

É função do Terceiro Setor, nos países de baixa participação, contribuir para a formação e o fortalecimento do comportamento de cidadão e da cultura democrática

Todas as ações do Terceiro Setor são intervenções sociais: buscam modificar modos de pensar e/ou modos de atuar e/ou modos de sentir. Esse conjunto de modificações vai construindo uma pedagogia social (uma "paidéia") que forma culturas ante as mudanças, segundo o enfoque que a referida intervenção tenha. Se a intervenção é assistencialista, cria a dependência; se é autoritária, cria a baixa auto-estima; se é clientelista, cria uma cultura de adesão; se é democrática, cria cidadania e autonomia.

Toda intervenção social ou busca de mudança supõe um currículo e uma pedagogia. Ainda que a educação por si mesma não produza câmbio, nenhum processo de mudança ou intervenção social se consegue sem um processo pedagógico e educativo.

É função do Terceiro Setor, no seu conjunto, construir formas de intervenção social democráticas, que convertam os atores sociais em sujeitos sociais, ou seja, em cidadãos.

Aqui entendemos como cidadão a pessoa capaz de construir, em cooperação com as outras, a ordem social em que ela mesma quer viver, cumprir e proteger para dignidade de todos.

A máxima expressão da participação é a possibilidade de criar a ordem em que se quer viver: poder fundar para si mesmo (autofundar) as normas e leis que se quer cumprir para a dignidade de todos. A participação também significa poder tomar como próprias regras e normas que, existindo com anterioridade, sejam aceitas como próprias (isso é o que se chama refundação da ordem social).

A liberdade e a autonomia supõem uma ordem, mas a única ordem que produz a liberdade e a autonomia é a ordem autofundada e reformada. (Por isso as regras de comportamento que determinamos para nós mesmos são as que melhor cumprimos e as que nos dão liberdade.)

Segundo essa tese, é função do Terceiro Setor fortalecer uma pedagogia social democrática (uma "paidéia democrática") através de todas as intervenções sociais. Desde as ações de autogestão de base até as ações de representação de grêmios e coordenação interinstitucional.

Essa função requer selecionar métodos de planificação participativos, sistemas de decisão deliberantes e modelos de gestão com altos níveis de comunicação internos e externos.

Tomando uma imagem de N. Lechner, é função do Terceiro Setor conseguir, com todas as intervenções sociais, "passar de uma ordem recebida a uma ordem produzida". Passar de uma ordem social imposta a uma ordem refundada e autofundada, ou seja, a uma ordem democrática.

TESE 3

Em uma sociedade de baixa participação, é função do Terceiro Setor contribuir para a reinstitucionalização do âmbito público para aumentar a igualdade e fortalecer a governabilidade

Entendemos como público aquilo que convém a todos de igual maneira para sua dignidade.

Como governabilidade, entendemos que seja a capacidade que tem uma sociedade de resolver seus conflitos sem recorrer à violência, aplicando regras conhecidas publicamente.

Seguindo a D. North (1993), entendemos como instituições as

> regras do jogo de uma sociedade ou, mais formalmente, as limitações concebidas pelo homem, que dão forma à interação humana. Por conseguinte, estruturam incentivos no intercâmbio humano, seja político, social, econômico, cultural [...]. As instituições reduzem a incerteza pelo fato de proporcionarem uma estrutura à vida diária; [...] constituem um guia, de modo que, quando tenhamos que saudar aos amigos, [...] pedir dinheiro emprestado, [...] enterrar os mortos, [...] saibamos como realizar tais atividades [...] as instituições definem e delimitam o conjunto de eleições dos indivíduos.

Com essas três definições podemos ampliar a tese enunciada.

Um dos indicadores da exclusão e da baixa participação das nossas sociedades é o baixo controle e compreensão que os setores populares têm das instituições públicas. Uma das razões para essa baixa compreensão e controle tem raízes históricas. Na América hispânica e lusitana, as instituições não surgiram de propósitos e necessidades da sociedade civil. Foram trazidas ou impostas "de fora", sem a participação ativa dos afetados e desconhecendo, em muitas ocasiões, a institucionalidade indígena e mestiça existentes.

Esse fenômeno histórico separou e distanciou a sociedade (especialmente os setores populares) da institucionalidade pública. Essa separação, entre a sociedade e as instituições públicas, facilita a corrupção administrativa e política, dificulta a governabilidade e fragmenta a sociedade porque torna mais difícil a busca de propósitos comuns.

A reinstitucionalização do "público" implica, para o setor popular, ter em conta vários critérios, a saber:

- Vincular os propósitos da intervenção social aos propósitos públicos, buscando sempre fortalecer os propósitos de nação (tese 1).
- Fortalecer todas as formas de organização social e sua vinculação consciente, informada com as instituições públicas que lhes prestam serviços, apoio, informação ou supervisão.
- Fortalecer todos os processos de informação pública que permitam à população entender, compreender, controlar e usar os serviços institucionais do Estado.

Ainda que a democracia parta do pressuposto de que todos temos interesses diferentes, é no público que podemos construir a igualdade e ter interesses compartidos. Por isso, o Terceiro Setor deve evitar o "corporativismo" do setor público (que o setor público sirva somente a uma camada da sociedade). Quando o setor público convém de igual maneira a todos (ou seja, quando é realmente público), a sociedade ganha em igualdade e, assim, em governabilidade. Quando o setor público não é de igual qualidade para todos, contribui para a desigualdade e, em sentido rigoroso, não se poderia chamar serviço público. Isto é o que ocorre em nossos países com serviços como a educação e a saúde.

Fazer do setor público um bem de igual qualidade para todos é a forma de reinstitucionalizar o Estado e uma das funções mais relevantes do Terceiro Setor.

TESE 4

É função do Terceiro Setor contribuir criando condições para tornar possível a democracia cultural. Isso significa criar condições para que todos os diferentes sentidos e símbolos da diversidade social possam competir e circular em igualdade de condições

A maioria dos esforços do Terceiro Setor em nossos países orientam-se para o "fortalecimento de poder" dos setores populares, melhorando os níveis de vida, aumentando os investimentos, fomentando a participação etc.

Dessa perspectiva, uma das principais funções do Terceiro Setor é tornar possível a competência cultural, ou seja, criar condições para que as diferentes formas de ver, produzir e entender o mundo dos setores populares possam circular e competir, em igualdade de condições, assim como circulam os sentidos e símbolos dos setores dominantes. Uma das características da pobreza é a exclusão simbólica nos sistemas de comunicação. É função do Terceiro Setor conseguir que as formas de ver, contar, trabalhar e de expressar-se dos setores minoritários ou pobres façam parte (em igualdade de condições) do universo simbólico que circula na sociedade.

A democratização cultural é um dos fatores que fomenta a auto-estima das comunidades e sua articulação ao projeto de nação. A diversidade cultural e a interação pública de todas as expressões são fatores para o desenvolvimento de um país. Por isso os monopólios nas indústrias culturais e de comunicações são vistos, internacionalmente, com reserva e em muitos países são ilegais (ver Garcia Canclini, 1995).

Em síntese, é função do Terceiro Setor contribuir para a construção de um Estado social de direito. Isso significa orientar todos os esforços e propósitos do Terceiro Setor para tornar possível o exercício dos direitos humanos, para cuidar e proteger a vida. Esse é o projeto ético que pode proporcionar maior transparência ao Terceiro Setor no século XXI.

Referências bibliográficas

VARGAS, Hernan; TORO, José Bernardo; RODRIGUEZ, Martha C. (1992). *Sobre a Natureza e Evolução das Organizações Não-Governamentais (ONGs) na Colômbia.* Bogotá, Fundação Social.

LECHNER, Norbert (1992). *Os Pátios Interiores da Democracia.* México, Século XXI.

NORTH, Douglass (1993). *Instituições, Câmbio Institucional e Desempenho Econômico.* México, Fundo de Cultura Econômica.

GARCIA CANCLINI, Nestor (1995). *Consumidores e Cidadãos.* México, Grijalba.

DO COMPROMISSO À EFICIÊNCIA? OS CAMINHOS DO TERCEIRO SETOR NA AMÉRICA LATINA

Andrés A. Thompson[*]

[*] Diretor de programas para América Latina e Caribe da Fundação W. K. Kellogg, com base em Buenos Aires, Argentina. Os pontos de vista do autor não refletem necessariamente uma posição institucional da Fundação.

O que é o Terceiro Setor? Uma pergunta de difícil resposta

O principal problema abordado por este artigo gira em torno de uma discussão sobre a identidade e o papel do chamado "Terceiro Setor". Numa definição mais simplista, diria que se trata de todas aquelas instituições sem fins lucrativos que, a partir do âmbito privado, perseguem propósitos de interesse público. Mas aqui terminam as semelhanças. Ao tentar entender o que é esse setor, e qual é o seu papel, as diferenças são enormes. Recentemente, por exemplo, pudemos ler declarações de políticos e intelectuais que, segundo diferentes e radicalmente opostos pontos de vista, interpretam o fenômeno de uma maneira totalmente contraditória.

Por exemplo, em declarações à revista *La Maga*, da Argentina (12/06/1996), a secretária de Estado dos Recursos Naturais e Ambiente Humano, engenheira María Julia Alsogaray, acusou as ONGs (organizações não-governamentais), defensoras do meio ambiente de serem o novo campo de luta da esquerda, já que a ideologia marxista foi derrotada com a queda do Muro de Berlim. Por outro lado, ainda que com vários argumentos em comum, o reconhecido professor da Universidade de Binghamton, de Nova York, James Petras, opina que as ONGs são um instrumento do neoliberalismo "encarregadas de diminuir o perigo de possíveis explosões sociais". Ele também acusa as ONGs de incentivar "um novo tipo de colonialismo e dependência cultural e econômica", já que os seus projetos "são planejados ou, pelo menos, aprovados, de acordo com as normas prioritárias dos centros imperialistas ou das suas instituições". De acordo com esta visão, isto faz com que "o verdadeiro efeito da proliferação das ONGs seja o de fragmentar as comunidades pobres e transformá-las em grupos setoriais e subsetoriais incapazes de ver os seus problemas sociais.".[1] Assim como a engenheira Alsogaray, Petras argumenta que a proliferação das ONGs se deve à ação dos pós-marxistas.

Diferentemente destas duas opiniões, um recente artigo de Lester Salamon e Helmut Anheier afirma que "a proliferação das organizações da sociedade civil pode chegar a ser, ultrapassando as suas velhas origens, a maior inovação social do seculo XXI", conferindo, portanto, ao surgimento mundial das organizações não-governamentais, um caráter positivo e progressista.[2] Por outro lado, há, inclusive, quem diga que a sociedade civil é o "Primeiro Setor", já que as organizações sociais e sem fins lucrativos apareceram muito antes dos Estados ou das empresas.[3]

O problema de definir e compreender o que é e para que serve não é, entretanto, exclusivo do "Terceiro Setor". Neste final do século XX, praticamente todas as instituições e "setores" sociais estão enfrentando graves problemas de identidade, no sentido de saber qual é o seu papel diante das mudanças sociais, políticas, econômicas e globais das últimas décadas. Hoje, se perguntássemos o que é o Estado ou o que é a empresa, acredito que nenhum funcionário público ou pensador do Estado, assim como nenhum empresário ou pensador da empresa, poderia definir qual é o seu papel nos anos que vêm pela frente.

Tomemos, em primeiro lugar, o caso do Estado, entendido na sua acepção tradicional de um contrato social que garante o interesse público. Hoje, se perguntarmos a um funcionário público de qualquer país da América Latina o que é o Estado, provavelmente ele nos responderia que é um caos, que não existe, ou que existe cada vez menos. Se olharmos do ponto de vista organizacional, o Estado é um conglomerado de instituições, muitas vezes sobrepostas sem nenhuma lógica, com interesses diversos e com uma definição ambígua com relação aos seus espaços de atuação. Vamos pensar, por exemplo, na relação existente entre o Poder Executivo, os governos estaduais e as autoridades de um pequeno município no interior de um país como o Brasil. As opiniões sobre Estado e governo serão totalmente diferentes. Ninguém pode negar que um dos pontos que provocam mais debate, controvérsia e conflitos sociais atualmente é, precisamente, qual é o papel do Estado.

Acontece o mesmo no campo empresarial. Dificilmente podemos definir o empresariado de hoje como um "setor". Poderíamos dizer, por exemplo, que eles têm um objetivo comum que é a ganância, o lucro. Entretanto, parece que nem sequer isso é comum em várias regiões, já que o objetivo de muitas empresas é muito mais não perder do que ganhar. Se compararmos a situação das pequenas e médias empresas locais com as grandes empresas globalizadas, poucas vezes encontraremos uma definição ou objetivos comuns e, muito menos ainda, uma identidade como "Segundo Setor".

Tudo isso pode consolar um pouco a quem se interessa e se preocupa pelo desenvolvimento e pela saúde do "Terceiro Setor", já que não se trata somente de um problema nosso. Trata-se de algo muito mais global que está ligado às grandes transformações e transições, atualmente. Dessa maneira, parece-me que seja mais útil pensar um pouco sobre o que foi, o que está sendo e o que será o "Terceiro Setor" do que tentar defini-lo.[4] Acredito que, desta forma, encontraremos alguns elementos que nos ajudarão a encontrar certos elementos históricos que nos permitam avançar em direção ao futuro.

Elementos históricos

Há dez anos, eu e um grupo de pesquisadores trabalhamos juntos para tentar entender o fenômeno das ONGs em alguns países da América Latina.[5] A justificativa para esse estudo era a de que as ONGs haviam surgido com muita força nas décadas de 1960 e 1970, dotadas de uma presença importante publicamente, e com apoio considerável de diferentes agências de cooperação internacional. Várias conclusões importantes surgiram daqueles estudos pioneiros.

Em primeiro lugar, as ONGs representavam formas de ação política que se opunham ao autoritarismo. Haviam surgido em um contexto de regimes militares, como alternativa ao fechamento do sistema político e seu principal propósito era o de manter espaços de ação cidadã e de defesa de certos valores democráticos. Tinham um caráter transitório, devido àquele momento histórico cuja tendência seria a de desaparecer, quando fosse retomada a democracia e, com ela, as formas tradicionais de representação e participação, tais como os partidos políticos e os sindicatos.

Em segundo lugar, aparecia claramente a idéia de que as ONGs eram núcleos de energia social que transcendiam o nível corporativo das suas orientações de ação e destinavam-se a favorecer a participação dos excluídos, dotadas de uma forte identificação com os setores populares, as "bases" sociais.

Estas duas características faziam do fenômeno ONG uma espécie de ator social que identificava o não-governamental e o não-lucrativo com o opositor, o alternativo. Segundo essa visão, não eram consideradas aquelas organizações que, mesmo tendo surgido antes, não possuíam estas características de origem (entidades beneficientes, Rotary e Lions clubes etc.) mas que, entretanto, também formavam parte da estrutura institucional da sociedade civil.

Por outro lado, uma terceira característica das ONGs era a sua total autonomia com relação ao Estado; a sua independência do poder político. Como dissemos, a ênfase no protagonismo das bases, independente do sistema político-institucional, delineava, por um lado, um cenário marcado pela ruptura entre as demandas e as necessidades dos setores populares e, por outro lado, a institucionalidade política. O micro e o macro não tinham conexão possível e, mais ainda, era preferível evitá-la.

Finalmente, um último aspecto deste momento histórico das ONGs era a sua capacidade de fazer política de uma maneira diferente, não através dos tradicionais canais institucionais da democracia, mas sim em estreita vinculação com os novos movimentos sociais emergentes, como os da mulher, os de direitos humanos, ecologia, associações de bairros etc. Mesmo no México, onde a continuidade institucional não havia se rompido, as ONGs eram portadoras de uma nova cultura política, ante a incapacidade do sistema político de dar resposta às demandas sociais.

Novos ares: democracia e mercado

A década de 80 inicia o desenvolvimento dos processos de democratização política em quase todos os países da região. Estes processos, nos quais as ONGs tiveram um papel de destaque, foram acompanhados, entretanto, por políticas econômicas regressivas em relação às populações mais pobres, as mesmas a que se destinavam as ações das ONGs. Ajustes econômicos, redução dos programas sociais, aumento do desemprego e inflação são fenômenos quase comuns em toda a região.

Ao mudar o contexto político-econômico, começam a mudar, também, as instituições e a visão sobre elas. Em particular, começa a confundir-se e desvanecer-se aquela percepção de um “Terceiro Setor” formado por dois blocos preponderantes de instituições: um, histórico, tradicional e conservador, integrado pelas organizações de caridade e beneficiência, voltadas para o serviço social e, outro, as novas ONGs, guiadas por uma lógica política alternativa, opositora, moderna, e voltadas para o desenvolvimento social sustentável. É nesta fase que começa a se falar de um "Terceiro Setor", além do mercado e do Estado, formado por organizações dos dois blocos. Ganha peso uma percepção funcional em lugar de uma percepção político-ideológica.

Entretanto, ainda que as chamadas ONGs continuem existindo e desenvolvendo-se, devem enfrentar uma importante crise de identidade ao ter de redefinir o seu papel em uma sociedade que se encontra em um processo de abertura democrática, e onde as regras do jogo começam a ser outras — voltam os partidos e os sindicatos, os cidadãos decidem através de eleições etc. — e, além disso, aparecem, neste cenário, outros atores — novos e velhos — que reivindicam o seu papel e o seu espaço na sociedade. Já não se trata de que as ONGs sejam sinônimo de sociedade civil, mas sim sinônimo de um conjunto mais amplo e heterogêneo, com diversos interesses e agendas, dialético e contraditório, de organizações sem fins lucrativos, de um "Terceiro Setor" que começa a explorar novos diálogos e uma nova cultura de participação cidadã.

Portanto, não podemos dizer que o papel do "Terceiro Setor" seja este ou aquele. É, em si mesmo, um campo onde se produz um choque de valores e tendências, dinâmico e mutável. É difícil afirmar que existe um interesse comum, ainda que existam vários pontos e trajetórias históricas em comum.

Além disso, é a própria democracia que produz tais mudanças e que também leva a uma mercantilização da vida social. O mercado e a economia começam a ser os reguladores das práticas dos cidadãos e das comunidades, a direção e o caminho para o destino da sociedade. Se o PIB cresce, prevê-se um futuro feliz; se, ao contrário, a inflação é que cresce, isto significa uma catástrofe. O desenvolvimento humano é secundário, diante dos dados da macroeconomia.

A primazia da economia e do mercado, juntamente com a institucionalização dos mecanismos democráticos, implica reconceituar o papel das ONGs e do "Terceiro Setor". Sendo, a princípio, alternativas no campo da política, o interesse por elas cresce devido ao seu potencial papel funcional na economia. Surge, desta forma, o interesse de organismos como o Banco Mundial, o Banco Interamericano de Desenvolvimento e até de algumas empresas com relação ao papel que possam ter as organizações da sociedade civil, no sentido de aliviar a pobreza e os problemas sociais que o mercado traz consigo.

Talvez — com exceção do Brasil, onde, devido às características da sua sociedade civil, as ONGs continuam atuando com um forte conteúdo político ou em circunstâncias especiais como em Chiapas (México), onde estão presentes na resolução do conflito armado — a visão que começa a imperar é a de um "Terceiro Setor", cuja capacidade de mobilização social e de transformação, de demanda e reivindicação, cede lugar à pressão pela profissionalização no provimento dos serviços sociais, aliviando, assim, o papel do Estado e a pressão sobre o mercado. Profissionalização que, neste caso, significa, na maioria das vezes, a incorporação acrítica e fora do contexto dos instrumentos provenientes do campo empresarial com todo o seu jargão típico do mercantilismo, tais como *marketing, management, outsourcing, merchandising, resizing,* e outros do gênero. Desta forma, estas tendências agravam a sua crise de identidade: As organizações do "Terceiro Setor" deveriam funcionar como empresas eficientes no fornecimento de serviços ou deveriam funcionar como organizações portadoras de idéias de transformação e de utopias sociais?[6]

Se, além disso, juntarmos a este quadro as relações que se estabelecem e as diferenças existentes com relação à utilização de fundos — incorporando, por exemplo, a distinção entre os receptores de fundos ou donatários e os doadores —, o panorama torna-se muito mais complexo. Em um "mercado de beneficiência", onde os fundos são escassos, a disputa por estes contribui, ainda que muitas vezes involuntariamente, para produzir novas brechas nos comportamentos organizacionais.

Qual será o futuro?

Política e economia são, no meu entender, os dois campos fundamentais onde o papel das organizações do "Terceiro Setor" estão ganhando espaço e preponderância. No primeiro, o "Terceiro Setor" precisa atuar na conquista e na garantia dos direitos e da cidadania dos excluídos, funcionando como advogado e, muitas vezes, enfrentando o Estado e as empresas. A transparência de valores, a capacidade de mobilização social e de impacto diante da opinião pública, a flexibilidade para gerar alianças duradouras, a influência nos processos de tomada de decisões são algumas das questões que terão de ser levadas em consideração pelas organizações que vejam neste terreno um campo fértil de ação. Não somente deverão ser e insistir em seu caráter não-govenamental, mas também terão de aprender e exercitar o seu direito a estabelecer relações com o setor público. Por esta razão é que "o governamental/estatal" continuará sendo o seu principal ponto de referência.

No segundo campo, a prestação de serviços, as regras do mercado serão, sem dúvida, o que orientará a sua ação. A qualidade dos serviços, as relações custo-eficiência-efetividade, a formação de recursos humanos, a atenção ao cliente serão, entre outros, os principais desafios destas organizações. Certamente, depararão com um leque de possibilidades que vai desde a competição econômica com outras entidades — tanto públicas quanto privadas — até a geração de nichos e mercados sociais inovadores. O seu caráter particular neste campo, mais que o seu perfil não-governamental, deverá ser a sua natureza não-distributiva de lucro, já que é neste aspecto que se pode diferenciar do setor privado empresarial. A relação com o Estado, além de complementar as políticas públicas, pode, também, ser orientada para a demonstração de modelos capazes de ser reproduzidos em maior escala.

Não acredito que se deva esperar, ou pensar, que o "Terceiro Setor" possa ou deva inclinar-se para alguns destes campos, em particular. Nos dois, tem a sua razão de ser, ainda que as lógicas e metodologias de ação devam, necessariamente, apresentar-se de maneira diferente. Por esta razão é que é difícil pensar em uma definição, e menos ainda, em um caminho único, que englobe o conjunto das organizações da sociedade civil. Devemos, então, resignar-nos a uma visão fragmentada de um conjunto de organizações diferentes, sem objetivos comuns?

Ainda que se trate de uma tarefa árdua, considero que não. Se existe um ponto em comum nas organizações da sociedade civil ou no "Terceiro Setor" é o de colocar no centro do cenário o social, as pessoas. Se a política se estrutura cada vez mais ao redor do poder e a economia em relação ao lucro, o espaço comum do "Terceiro Setor" são as necessidades humanas, uma certa utopia com relação ao social. O grande desafio é ver como, a partir do social, o mercado pode ser reinventado, para que satisfaça às necessidades de bens e serviços da maioria da população, e não de uma minoria. E também como se pode reinventar o Estado enquanto extensão de um contrato social que reflita essa relação, onde as pessoas estejam no centro das preocupações políticas.

Os elementos estão dados para que o "Terceiro Setor" possa cumprir esse papel, que vai muito além da soma de projetos e de ações particulares. Estes elementos são os que dão um caráter diferente às organizações da sociedade civil e sobre os quais é preciso afirmar-se e desenvolver-se. A transparência (ou *accountability*) nas finanças e na ação, diante de uma vasta corrupção que penetra na maioria das instituições; o interesse e a defesa dos interesses comuns da sociedade, do público, diante de uma cada vez mais exacerbada cultura do privado, do individual; o voluntariado, a solidariedade e a filantropia, como expressões de uma nova cultura que enfatiza "dar" tempo, recursos e talentos para o bem dos demais, acima das práticas cada vez mais obscenas de apropriação ilegítima e do egoísmo; a cidadania participativa e responsável ante a exclusão política e social. Enfim, elementos de uma nova ética, na qual o direito das pessoas à uma vida digna tenha preponderância sobre as coisas materiais, o poder e o dinheiro.

Notas

1. Ver seu artigo "El Posmarxismo Rampante — Una Crítica a los Intelectuales y a las ONGs", publicado originalmente no jornal *Excelsior*, do México, de 26 de novembro de 1996, e reproduzido na revista *La Otra Bolsa de Valores*, nº 38, também do México.
2. Ver o artigo dos autores supra citados, "The Civil Society Sector", na revista *Society*, vol. 34, nº 2, 1997. A tradução foi feita por nós.
3. Ver Rajesh Tandon, "la Sociedad Civil es el Primer Sector", na revista *Tercer Sector*, nº 2, Buenos Aires, 1995.
4. Enquanto definição acadêmica, talvez a mais avançada tentativa tenha sido a do *Proyecto Internacional Comparativo sobre el Sector sin Fines de Lucro*, Johns Hopkins University liderado por Lester Salamon. Trata-se de um conjunto de entidades que compartilham, pelo menos, cinco características essenciais: 1) são, em grande parte, organizadas e institucionalizadas; 2) são privadas, ou seja, institucionalmente separadas do governo; 3) não são distribuidoras de lucro; 4) são autogovernadas; 5) são, em grande parte, voluntárias. Além disso, a grande maioria compartilha o seu caráter não religioso e não político-partidário. De qualquer forma, esta definição não nos ajuda muito a entender a identidade do setor em contextos sociais específicos.
5. Tratava-se do projeto dirigido pelo Programa de Relações Europa — América Latina (PREAL), que contava com os auspícios da Fundação Pablo Iglesias de Madri e do ILET, do Chile. Este estudo foi realizado na Argentina, Brasil, Chile, Peru, Uruguai e México.
6. Sobre este mesmo tema ver o meu artigo "Entre Peter Drucker y Betinho", na revista *Tercer Sector*", nº 11, Buenos Aires, 1996.

A ORGANIZAÇÃO DAS FUNDAÇÕES EUROPÉIAS

Antonio Saenz de Miera[*]

[*] Doutor em direito, formado em psicologia e relações industriais. É diretor-gerente, desde a sua criação, da Fundación Universidad-Empresa, criada pela Câmara de Comércio e Indústria e as Universidades de Madri. É também presidente do Centro Espanhol de Fundações. Autor de vários livros e numerosos artigos sobre temas relacionados com a universidade e a empresa, o mundo das fundações, bem-estar social, formação profissional e mercado de trabalho.

Europa: unidade e diversidade

A Europa é, como assinalava Ortega, algo mais que uma realidade física, é um espaço geográfico impregnado de uma civilização. A Europa existe com anterioridade às nações européias. A Europa é história, é passado, porém ao mesmo tempo é um projeto de futuro. Desde há alguns anos os Estados e os cidadãos europeus se mostram esperançosos ou preocupados ante um projeto como o da União Européia, de grande envergadura e de grande transcendência. Fala-se, atualmente, mais do futuro da Europa — para uns inquietante, para outros pleno de possibilidades, e aparentemente inevitável para a grande maioria —, porém não devemos esquecer que houve um passado, o da Europa criada pelo Império Romano. Pouco a pouco, diz Ortega, os europeus foram se fazendo progressivamente homogêneos e progressivamente diversos, "cada povo ia formando sua índole peculiar, porém, ao mesmo tempo, entre eles e sobre eles ia-se criando um repertório comum de idéias, modos e entusiasmos".

A diversidade foi se afirmando na constituição dos Estados-nação, nas línguas, no poder político, na legislação. Porém, dentro dessa diversidade seguia pulsando um substrato comum, toda uma civilização. E, em nosso tempo, a Europa é, para uma grande parte dos países europeus, um projeto comum de Estados e de cidadãos, que surge há quase quarenta anos com o Tratado de Roma e que hoje tem como referência os Acordos de Maastricht, a unificação econômica, a moeda única, a unificação política etc. Porém, voltemos à civilização comum, mantida apesar da desagregação das guerras, das divisões. Contra vento e maré se pode dizer que, em nossos dias, subsiste um fundo comum, sólido, o alento constitutivo desse ambicioso projeto, já uma realidade em muitos aspectos, que é a União Européia. E é aqui que se coloca o dilema entre a unidade e a diversidade, que se manifesta em muitos aspectos. Como conseguir que os valores dessa riqueza cultural e social não sejam perdidos? Como conseguir que a pluralidade européia se mantenha ao mesmo tempo que se obtêm as vantagens da união? Esse é o grande debate, na atualidade, em torno da União Européia. Que valores de cada cultura devem-se preservar, respeitar, defender. Isso por um lado. Por outro, como construir a Europa dos cidadãos, como dar nova vida a esse fundo comum em que muitos nos reconhecemos.

Seja como for, esse é um tema que ultrapassa o modesto objetivo deste artigo. O que é certo é que a realidade é hoje a diversidade: mais de 700 milhões de habitantes, 34 Estados, diversas religiões (30% da população se declara católica, 15% protestante, 12,8% ortodoxa e 8% muçulmana). E, de má vontade e a contrapelo, é verdade, porém como um mal menor, a *lingua franca* do latim foi substituída pelo inglês, em um continente que se distigue por uma riquíssima e complexa profusão de línguas: espanhol, alemão, francês, italiano, grego, português, russo; ao lado de línguas mais locais como o sueco, o dinamarquês, o finlandês, o catalão, o basco, o polonês, o galego etc. Em um tal cenário, em que aparecem tradições jurídicas diferentes e diferentes poderes políticos e legislativos, tradições religiosas e culturais distintas, é óbvio que não é possível falar, hoje em dia, de um grupo homogêneo ao qual se possa chamar "fundações européias". Não existe uma situação jurídica comum ou similar para as fundações européias, mas sim diversas e variadas. Não existe sequer um conceito que possa ser aceito como modelo nos distintos países europeus. Mais ainda, deve-se recordar, e me refiro já concretamente à União Européia, que as fundações não foram contempladas no Tratado de Roma (como não o foram tantas outras matérias de caráter social). Segundo o artigo 38 do Tratado, as fundações ou organizações sem fins lucrativos estão excluídas da noção de companhia ou firma social às quais se aplica a lei comunitária. E no momento não há nenhuma norma européia que seja de cumprimento obrigatório em todos os países, nem provavelmente haverá nos próximos anos. As fundações são instituições não-lucrativas e não-governamentais e, como tais, não estiveram implicadas no processo de união política ou econômica, ainda que estejam sendo afetadas por seus efeitos devido à liberdade de movimento de pessoas, capitais e mercadorias. Não é possível, por tudo isso, falar genericamente da organização das fundações européias.

O século XX

No começo do presente século se manifestam com toda sua crueldade os graves problemas derivados da Revolução Industrial. O papel do Estado cresce. Os Estados dos países europeus acumulam poder e responsabilidades sociais que nunca antes haviam tido. Não são essas as melhores condições para o desenvolvimento e o crescimento das fundações. Apesar disso, algo começava a mudar em seu reconhecimento social e no papel que estas instituições podiam desempenhar nas novas sociedades que estavam se formando. Lembremos que é naqueles anos, nos anos 1920, que a teoria jurídica alemã chega à construção de uma nova personalidade jurídica e se cria expressamente um novo sujeito de direito: a fundação. Além disso, é durante a Grande Guerra européia e os anos seguintes que se formam as grandes fortunas na Europa e Estados Unidos. Dessas fortunas nascem, como se sabe, as grandes fundações norte-americanas (Carnegie, Rockefeler, Community Trusts, Danforth, Hartford, Duke Endowment, John Simon Memorial) e inglesas (Rowntree Trust, Rhodes Trust, Leverhulme Trust). Contudo, até os anos 1950 e 1960, tempos de paz e de crescimento sem igual na história européia, não se pode falar de um desenvolvimento pleno das fundações na maioria dos países europeus. O crescimento econômico que começa nos anos 1950 se traduz em um aumento do nível de vida dos cidadãos e também de suas exigências. E isso tem influência no mundo das fundações, que, com maior ou menor força, segundo os países, começam a crescer em número e presença social e a desempenhar um papel cada vez mais importante e significativo nas sociedades européias.

Na Europa continental a intervenção do Estado em temas sociais é maior que nos Estados Unidos ou na Inglaterra, e a tradição de iniciativas particulares orientadas para realizar atividades de interesse social ou cultural é, em comparação com esses países, bastante limitada. O receio e a desconfiança em relação às fundações aumenta mesmo nos países de tradição mais estatista. Todavia, a incidência das guerras mundiais naqueles países europeus que as sofreram de forma mais direta será decisiva na criação de novas fundações. Muitas pessoas de idade avançada se viram sem descendentes diretos e decidiram legar seus bens para fins caritativos como uma forma de homenagem e de lembrança a seus familiares falecidos. Nessa época são criadas as grandes fundações européias (Volkswagen, Fritz Thyssen, Gulbenkian, Agnelli, Ford, Krupp, Bosch, Olivetti, Juan March). Alguns anos mais tarde, com os primeiros sinais de crise do Estado de bem-estar, começa-se a valorizar e a reconhecer a importância dessas instituições, e se criam, inclusive, fundações de origem pública ou de caráter supranacional, como a Fundação Commonwealth, a Fundação para os Jovens ou a Fundação Sauver Venisse.

Nos regimes comunistas dos países do Leste europeu as fundações desapareceram. Eram instituições incompatíveis com o princípio de que o Estado é a única fonte legítima de justiça e de bem-estar público.

Essa evolução, que acabamos de resumir de modo a conceber os papéis do Estado e da sociedade e entender suas relações, teve seu reflexo, com o passar dos anos, em um quadro mais ou menos favorável, mais ou menos estimulante, para a criação e o desenvolvimento das fundações em cada um dos países europeus. Existiram, e continuam existindo na atualidade, concepções distintas sobre o papel das fundações ou, de forma mais geral, sobre o papel das instituições filantrópicas, nas sociedades modernas, concepções que se manifestam nos distintos níveis de confiança que se refletem através de um maior ou menor controle público. Uma concepção que nega (negava, pois já é história passada) de forma radical a existência de fundações é a que imperava nos regimes comunistas; outra, que admite sua existência, porém com um importante e mais ou menos rigoroso controle por parte do poder público; e uma terceira, que tanto não coloca obstáculos como estimula a criação deste tipo de instituição, e na qual existe um controle público mínimo.

Como disse antes, cada país europeu oferece um panorama com características próprias. Os níveis de controle, de confiança ou de estímulo são distintos, mesmo que em cada país se possa perceber a influência de uma das concepções, com as devidas matizações, que acabo de assinalar de forma simplificada. Indicarei, a seguir, em breves pinceladas, país por país, as peculiaridades que me parecem mais importantes ou mais significativas.

A situação atual

A definição de fundação é imprecisa e os sistemas legais são muitos e variados, como já foi destacado. As características que marcam os diferentes tipos de fundações européias são, pois, muito numerosas: por sua origem, por seus recursos, por seus fins, por sua longevidade (nos países nórdicos são muito comuns as chamadas fundações temporárias), por sua forma de atuar, pelo seu âmbito de atividade etc. A diversidade é, também, muito grande no que se refere a seu tratamento fiscal. As fundações européias desfrutam de diferentes níveis de vantagens fiscais: isenções sobre os legados e as doações que recebem, isenções de impostos sobre sociedades etc.

Na Alemanha, antes de 1914, existiam mais de 100 mil fundações e *trusts*, ainda que a maioria delas fossem de caráter local e com reduzidos recursos. Porém, as guerras, as mudanças políticas, as inflações financeiras baixaram sensivelmente este número. Atualmente há várias formas jurídicas possíveis, de direito público, de direito privado, sem personalidade jurídica, e até são possíveis as fundações familiares (atualmente em torno de quinhentos). A criação de uma fundação depende, na maioria dos *lander*, de autorização do poder público correspondente. Esta autorização será reconhecida somente se a instituição satisfizer todos os requerimentos para seu funcionamento normal, e o mais importante é a existência de um ativo suficiente. Pode-se dizer que na Alemanha existem mais de 5.500 fundações sob todas as formas jurídicas, entre as quais estão as mais fortes da Europa se nos fixamos em seus orçamentos anuais: Volkswagen, R. Bosh, Krupp. Segundo a Stifterverband für die Deutsche Wissenschaft (Associação de Fundações Alemãs), a generosidade em relação às fundações está crescendo em razão de vários fatores: a aposentadoria da geração da guerra, a recente riqueza do setor privado e o aumento do interesse por parte dos cidadãos em participar de tarefas de finalidade pública ou de interesse geral.

Na Áustria se aprovou em 1993 a Lei de Fundações. Esta lei permite a existência de fundações que visem interesses puramente privados, o que tem sua explicação ou sua justificação no propósito do governo de evitar a fuga de grandes fortunas para o exterior e de oferecer um incentivo para que as que se foram regressem. Além disso, pretende ser um estímulo ao investimento externo nas fundações austríacas. Desde a aprovação da lei se inscreveram oficialmente mais de 160 fundações. Na Áustria estão em vigor oito estatutos e, por isso, é difícil oferecer dados confiáveis sobre o número de fundações.

Na Espanha, a Constituição aprovada em 1978 reconhece, em seu artigo 34, o direito de fundação, o que é algo excepcional nas constituições atualmente em vigor na Europa. Significou uma mudança transcendental no tratamento jurídico das fundações espanholas. Obriga os poderes públicos a proteger e a estimular o desenvolvimento destas instituições. As fundações passaram de uma situação em que eram entes permitidos excepcionalmente, marcados por um tratamento cheio de desconfianças e limitações, para outra em que gozam do mais alto reconhecimento social e jurídico. Em 1994 foi aprovada a lei que regulamentava o artigo 34. De acordo com essa lei, o capital inicial para constituir uma fundação deve ser "adequado e suficiente" para o cumprimento de seus fins; para constituir uma fundação deve-se fazê-lo em uma escritura pública registrada em cartório e deve ser classificada e registrada pelo poder público. Para obter os benefícios fiscais, a fundação deve ter como objetivo fins de interesse geral e destinar pelo menos 70% dos recursos para esses fins, e deve prestar contas anualmente ao poder público. As fundações dispõem de uma isenção parcial em relação ao imposto sobre sociedades: descontam 10%, gozam de isenção do imposto de bens imóveis e do imposto de atividades econômicas. As pessoas que realizam doações podem deduzir 20% de seu valor da cota do imposto de renda de pessoas físicas, com um limite máximo de 30%.

Permitam-me, somente neste caso, uma vez que o vivi muito de perto como presidente do Centro Espanhol de Fundações, oferecer minha opinião a respeito. Trata-se de uma lei que ficou a meio caminho do que razoavelmente se podia esperar, de acordo com os merecimentos e a própria realidade espanholas no momento presente. É evidente que entre a desordem legislativa anterior e a unidade do novo texto legal se produziu um importante avanço. Todavia, essa lei não é, a meu juízo, a de que necessitam as fundações espanholas de hoje: concede-se um controle excessivo, desnecessário e injustificado, na maioria dos casos, ao poder público, e os estímulos fiscais são muito reduzidos se os comparamos com os que existem em outros países europeus. Portanto, não creio que a lei espanhola seja, da forma como está redigida hoje, um bom modelo a seguir.

As fundações espanholas gozam de uma ampla e sólida aceitação social e política. Existem atualmente mais de 3 mil fundações ativas. Antes dos anos 1960 a maioria destas instituições tinham como origem a Igreja e seus fins se relacionavam com a filantropia ou a assistência social. Nos últimos vinte anos se produzem mudanças importantes na sociedade espanhola e isso se reflete no mundo das fundações: criam-se muitas fundações (em torno de cem por ano), sua origem é cada vez mais plural (empresas privadas, clubes de futebol, partidos políticos, sindicatos, personalidades do mundo da cultura ou da ciência, que querem perpetuar sua obra etc.) e seus fins cada vez mais diversos (investigação científica e tecnológica, defesa do meio ambiente, serviços culturais, educativos etc.).

Na França existem, atualmente, mais de quatrocentas fundações de utilidade pública, em sua maioria muito vinculadas a empresas ou a atividades culturais de empresas. Em 1969 o governo francês criou a Fundação de França sobre as bases estabelecidas nos estudos e projetos de Michel Pomey. Com a criação dessa instituição se pretendia superar as dificuldades que pareciam existir para criar fundações; a Fundação de França é uma organização pública com importantes recursos que pretende estimular a iniciativa privada para estabelecer fideicomissos sob seu patrocínio. Desde 1987 existe uma Lei de Mecenato que define o quadro geral das fundações. Nesta lei se destaca que "quando a ação da Fundação tem por meta a criação de uma pessoa civil, a Fundação não goza de capacidade jurídica, senão a partir daquela do Conselho de Estado que outorgue o reconhecimento de utilidade pública". Em julho de 1990 é aprovada uma lei que reconhece as "fundações-empresa", é uma lei que busca facilitar e estimular sua criação: por exemplo, os fundos iniciais podem ser mais modestos em comparação aos necessários para constituir fundações de utilidade pública. Existem três tipos de fundação de acordo com o novo sistema legal: as de utilidade pública, as fundações-empresa e aquelas que funcionam sob o amparo da Fundação de França.

Na Holanda se inicia a regulação de fundações em 1956 com uma norma basicamente comparável à britânica Charities Act de 1960. Diz-se que funcionam na Holanda entre 70 mil e 80 mil fundações, o que quer dizer que é um país muito rico nesse tipo de instituição. A realidade é que nesse número se incluem numerosas instituições que não se adequariam a qualquer definição aplicável em outros países (organizações comerciais, esportivas, instituições governamentais de investigação etc.). Na Holanda, com o nome de fundação existem organizações que podem atuar em muitas áreas, com um rápido processo de criação, pois se exige unicamente a intervenção de um tabelião, duas pessoas e um pouco de dinheiro. Numerosas fundações se constituem por um tempo determinado e, uma vez cumprido o fim para que foram criadas, desaparecem. A grande maioria dessas instituições são constituídas com muito pouco dinheiro. As fundações com dinheiro e com projetos próprios são chamadas de fundos: atualmente estão em atividade cerca de quinhentos fundos. Mais da metade desses fundos foram criados depois da Segunda Guerra Mundial. Na Holanda existem importantes incentivos fiscais para a criação de fundações: estão isentas do imposto sobre sociedades se não realizam atividades empresariais; não estão sujeitas ao imposto de renda sobre investimentos, salvo no caso de essas rendas serem aplicadas com fins comerciais; qualquer pessoa física ou jurídica sujeita ao imposto sobre sociedades pode deduzir sua contribuição filantrópica em até 6% de seus lucros anuais com o piso de 50 florins.

Na Itália a característica mais singular é a existência das fundações de bancos: antes de 1990 muitos bancos italianos tinham um estatuto público, o que significava que ou eram entes de propriedade estatal e sujeitos ao direito público ou eram fundações ou associações. Isso ocorria com mais de cem caixas de poupança ou com os institutos de crédito público. Eram um extravagante híbrido que se movia entre o interesse lucrativo, próprio de um banco, e o fim filantrópico. Em 1990 a situação muda: é aprovada uma lei que permite aos bancos públicos transformar seu estatuto jurídico para sociedades por ações e que promove vantagens fiscais para facilitar essa transformação; às fundações é concedida a possibilidade de formar novas sociedades anônimas nas quais poderiam encaixar suas atividades bancárias. Nessas novas condições se exige das fundações que centrem sua atividade em temas sociais e culturais de acordo com os objetivos de seus estatutos. Os dividendos pagos pelos bancos às fundações, convertidos aqueles em seus únicos e majoritários acionistas, servirão para financiar seus objetivos filantrópicos. Pela Lei de Orçamentos de 1994 desaparece a obrigação de que as fundações possuam a maioria do capital no banco, e no final desse mesmo ano o governo obriga, na prática, estas instituições a diversificar suas ações majoritárias. Espera-se que essas iniciativas sirvam para estimular a criação e o desenvolvimento de novas fundações na Itália. Atualmente parece que existem nesse país em torno de 7 mil fundações.

Em Portugal existem atualmente mais de trezentas fundações. Nos últimos três anos foram constituídas cinqüenta novas fundações. Até os anos 1980 a maioria das fundações portuguesas realizavam tarefas de beneficência ou assistência. Nos últimos anos está se produzindo uma extraordinária diversificação nas origens e nos fins das novas instituições que são constituídas. Criam-se fundações com fins de investigação, conservação do patrimônio, intercâmbio cultural, defesa da linguagem etc. Pode-se dizer que seu regime fiscal é o mais generoso dos existentes na Europa. A Fundação Gulbenkian, criada em 1933, é uma das maiores fundações portuguesas, tanto pelo volume econômico de seus orçamentos anuais como pelo impacto social e cultural de sua atividade. Essa Fundação organiza mais de um terço das atividades culturais que se realizam no país e cabe dizer dela que é uma espécie de Ministério da Cultura. Tem gastos anuais em torno de 53 milhões de ECUs (cerca de 8,5 bilhões de pesetas). Realiza, principalmente, atividades artísticas e culturais (49%), mas também educativas (31%), de investigação (11%) e sociais (9%).

No Reino Unido as chamadas *charities* estão sujeitas às normas gerais de direito público. Em 1853 o Parlamento criou a Charity Comission, reconstituída pela Charities Act de 1960, que tem por missão realizar um trabalho especial de controle e registro dessas instituições. Em 1992 e 1993 foram aprovadas novas Charities Act que determinam uma série de normas novas nos países; por exemplo, impõem-se aos patronos responsabilidades mais estritas e sanções importantes pelo descumprimento da lei, incluem-se medidas específicas para estreitar o controle dos profissionais encarregados da captação de fundos, contendo um novo plano do sistema de contabilidade etc. Em alguns setores esse novo regime suscitou críticas, em outro, considerou-se que era inevitável, o preço lógico a ser pago para evitar os abusos. No Reino Unido as vantagens fiscais para as instituições sem fins lucrativos são importantes: as *charities* gozam de isenções específicas dos impostos sobre sociedades e de renda, beneficiam-se de uma isenção geral de imposto de renda de capital, de algumas concessões no imposto de sucessões e têm uma dedução de até 80% no imposto de atividades econômicas. Não estão isentas de IVA, salvo algumas isenções de pouca importância. Desde 1986 funciona o chamado sistema por dedução em folha. Qualquer empregado pode autorizar a sua empresa a descontar a quantia que deseje de seus vencimentos brutos para uma *charity*. Esse sistema oferece vantagens para o empregado e para a *charity*.

Na Suécia não há uma legislação especial em matéria de fundações. São constituídas tendo como base propriedades autônomas administradas de forma a garantir que alcancem seus objetivos. Entre as escassas alusões legais a essas instituições, deve-se citar uma norma que as define como "propriedades administradas autonomamente para servir, de forma permanente, a um objetivo específico". Para ter direito aos benefícios fiscais uma organização sueca deve ser considerada de "utilidade pública". No caso das fundações, essa condição corresponde àquelas que se dedicam "ao fortalecimento da defesa da nação, ao cuidado e atenção à infância, à educação, à ajuda aos necessitados, à investigação científica ou ao desenvolvimento da cooperação entre os países nórdicos, às atividades religiosas, sociais, políticas, artísticas, esportivas ou similares". O benefício fiscal mais importante para as fundações é a isenção parcial sobe o imposto de renda. As fundações consideradas de utilidade pública (atualmente são mais de trinta, e entre elas se encontra a conhecida Fundação Nobel) gozam, na prática, de isenção total desse imposto.

Nos países do Leste europeu, a partir de 1989, em muito pouco tempo, ocorreu praticamente a queda da totalidade dos sistemas comunistas. Trata-se de uma mudança espetacular, que não era possível imaginar que ocorresse de uma forma tão rápida e radical. Os países do leste da Europa buscam desde então em seu próprio passado, nos países da União Européia, nas sociedades civis européias, as referências básicas que orientem seu caminho na direção de sistemas democráticos. Nas palavras de Gaston Ash, "1989 foi a primavera das sociedades que aspiram tornar-se civis nos países ex-comunistas". Porém, o comunismo, que contaminou tantos termos, não conseguiu desvirtuar as palavras "cívico" e "cidadão", segundo este mesmo autor. Talvez seja isso o que explique, em grande parte, o florescimento nos últimos anos, com maior ou menor intensidade, das fundações em todos esses países. Muitas das fundações que estão surgindo agora têm origem no passado anterior ao comunismo. É preciso dizer, também, que nos anos que precederam a revolução de 1989, os governos comunistas haviam criado algumas instituições de caráter similar às fundações: a Fundação Cultural da União Soviética (1986); a Fundação Soviética para a Filantropia e a Saúde; porém, tratava-se de instituições que somente no nome se pareciam com as existentes nos países democráticos. Os novos Estados estão legislando a partir de uma nova base constitucional, e isso incluirá, como é lógico, a consideração das instituições filantrópicas. Nesse sentido, o Estado húngaro adiantou-se aos demais com uma norma de 1987 que reconhece a personalidade jurídica de fundações em relação a cerca de quatrocentas fundações criadas em um ano. Nesse processo de reformas, os novos governos e parlamentos estão recebendo ajuda e assessoramento dos governos ocidentais, de agências internacionais e, muito especialmente, do Conselho da Europa. A Fundação Rockefeller financiou um valioso estudo de desenvolvimento do setor não-lucrativo na Europa central e do leste ("The Rebirth of Civil Society", 1992). Segundo este trabalho, os grandes objetivos do setor não-lucrativo nestes países podem ser resumidos nos seguintes pontos: desenvolver estruturas legais e estímulos fiscais; superar a desconfiança existente entre a opinião pública em relação a estas instituições; promover a diversificação e o estímulo do *fund-raising*; promover uma postura mais aberta e generosa em relação a estas instituições por parte dos governos. O filósofo húngaro Istvan Bibo destacou a grande importância que pode ter, para essas sociedades em processo de recomposição, a criação desses "pequenos círculos de liberdade", capazes de superar o passado feudal da experiência comunista. Na IV Assembléia Geral do Centro Europeu de Fundações, celebrada em Praga em 1993, Olga Havel, esposa do atual presidente da República Tcheca, expressou este sentimento com muita clareza: "As organizações não-lucrativas são básicas para criar uma sociedade civil democrática; ao deixar todas as responsabilidades nas mãos do Estado, os cidadãos estão se privando do melhor de sua individualidade".

As associações de fundações

O crescimento das fundações nos distintos países europeus nos últimos 25 anos trouxe como conseqüência, em muitos casos, a criação de associações, grupos ou instituições que as defendem e as representam. Stifterverband für die Deutsche Wissenschaft (Alemanha), Centro Espanhol de Fundações (Espanha), Estonian Foundation Centre (Estônia), The Finnish Council of Foundations (Finlândia), Fondation de France (França), Vereiniging van fondsen im Nederland (Holanda), Federation of Hungarian Foundations (Hungria), Polish Fondations Forum (Polônia), Centro Português de Fundações (Portugal), Association of Charitable Foudations e Charities Aid Foudations (Grã-Bretanha), Information Centre for Foundations (República Eslovaca), Information Center for Foudantions and Other Not-For-Profit Organizations (República Tcheca). E também foram criadas associações de caráter europeu: o Club de Haia e o European Foudation Center (EFC).

Sou membro do Club de Haia há quase vinte anos e fui seu presidente durante os anos de 1994 e 1995. Por isso, conheço bem as possibilidades e as limitações deste clube, criado no estilo de um clube saxão por cerca de trinta fundações de toda a Europa, entre as quais se encontram as mais importantes do continente. Ao começar este artigo me referia ao inglês como a atual *língua franca* no espaço europeu, e devo dizer agora que neste clube o inglês é o idioma oficial, e isso implicou uma certa inclinação em relação aos países de tradição *inglesa*, seu estilo e suas atividades. Isto não é — e falo como representante de um país latino — uma queixa, mas um simples reflexo da realidade, que será entendido, sem dúvida, em todo o seu significado a partir da perspectiva dos países ibero-americanos em relação a seus vizinhos do Norte. De toda forma, o Club conseguiu paulatinamente ampliar seu campo de visão e, a partir fundamentalmente das relações pessoais, contribuiu para a criação de um clima de confiança e para o intercâmbio de informação e pontos de vista muito positivos e animadores para a construção européia que tão dificilmente se está produzindo não só entre os Estados mas, como podemos observar, no âmbito das sociedades.

O EFC tem uma origem e um caráter totalmente distintos. Sua constituição é mais recente, em 1989, e tem sede em Bruxelas, ou seja, próximo aos órgãos de governo comunitários. Sua ambição é chegar a influir nessas instâncias para conseguir melhores estímulos e melhores condições para o desenvolvimento das fundações na Europa. A coordenação entre as fundações aparece também como um dos objetivos prioritários e, neste sentido, dedica uma atenção privilegiada ao campo da informação. A idéia que se tem no EFC das fundações como instituição é muito mais ampla do que a predominante no Club de Haia. É um sinal dos novos tempos e é desejável que encontrem seu papel nessa tarefa difícil e complexa de um conceito e um movimento europeus de fundações que, hoje em dia, como afirmei no começo, não existe. Seja como for, o objetivo vale a pena, e é provável que o EFC, se não errar o caminho, possa desempenhar um papel importante.

As perspectivas para o futuro

As mudanças sociais e políticas que estão ocorrendo nos últimos anos na Europa e no mundo ou nos preocupam, porque do nosso ponto de vista ocorreram muito rapidamente, ou nos surpreendem, porque não as havíamos imaginado assim. As sociedades mudam a uma grande velocidade em um mundo cheio de incertezas e esperanças. Vivemos uma época na qual todos os agentes sociais se movimentam buscando uma posição que os identifique e lhes dê sua razão de ser nas novas circunstâncias. A construção da Europa comunitária, que começa a conhecer os passos decisivos em sua integração econômica e política, está modificando as relações das instituições sociais e dos Estados. E isso começa a ter uma incidência real, palpável, na vida dos cidadãos europeus, em suas relações entre si e em suas relações com o Estado.

Nesse processo de unificação econômica européia, que já é uma realidade para muitos cidadãos, as fundações, ainda que não diretamente — uma vez que são, como instituições sem fim lucrativos, alheias a estas implicações econômicas —, serão afetadas pela nova realidade social, nascida das novas circunstâncias, por ter fins de interesse público e tomar parte da sociedade, a que atendem e da qual obtêm seus estímulos. E é óbvio que seu senso de responsabilidade as obriga a acompanhar com atenção esses acontecimentos. Porém, suas obrigações não se limitam a esperar, uma vez que as fundações, como manifestação da sociedade, devem ser não só permeáveis às mudanças, mas também impulsionadoras dessas mudanças, como salvaguarda da flexibilidade social, para que a sociedade evolua fiel a seus próprios impulsos. As fundações podem contribuir também para a construção da nova Europa e para a manutenção de seus valores essenciais, nessa intimidade individual na qual germinam os valores sociais.

Porém, esse processo de unificação econômica está sendo acompanhado, paralelamente, por um processo de unificação política, que inevitavelmente terá conseqüências sobre a conformação social do futuro e que, portanto, acabará afetando a vida das fundações, mesmo que se trate de instituições à margem da política e fora das decisões governamentais. Por outro lado, não creio que a sociedade européia e, portanto, as fundações, possam ficar à margem das radicais mudanças sociais e políticas que estão ocorrendo no Leste europeu.

Temos em perspectiva um projeto que nos dá esperança, mas que já é uma realidade que se pode sentir dia a dia: uma Europa que está sendo gerada com a participação de todos, não só dos governos dos países-membros, mas também com o impulso dos cidadãos, das instituições culturais e filantrópicas. Nesse sentido, as fundações, pela sua própria essência, é bom lembrar aqui, estão mais próximas da Europa dos cidadãos que da Europa dos Estados. A idéia de Europa que as fundações podem ajudar a promover é complementar à Europa dos governos ou das instituições supranacionais. Porque, por sua independência e flexibilidade, as fundações podem ser atores privilegiados na promoção de novas formas de atividade social e cultural. O trabalho das fundações nesse âmbito deve ser entendido e concebido como complementar, e não oposto ou à margem, no que diz respeito à ação dos Estados. Todavia, atualmente a grande ausente na construção européia é a Europa não-governamental, precisamente onde bate o coração da Europa profunda, a dos cidadãos, a que surge da experiência pessoal de cada dia. E é aí onde as fundações encontram o campo de suas decisões, de suas atividades e projetos. Nesse sentido, o papel das fundações européias é — e pode ser ainda mais — muito importante, por seu conhecimento dos problemas reais da sociedade, por seu enraizamento nas diversas culturas e por seu respeito à espontaneidade social, que fazem delas instrumentos idôneos para o fortalecimento das pluralidades nacionais diferenciadoras, que convivem no continente europeu, e, ao mesmo tempo, para a construção dessa unidade transnacional que está nascendo na Europa. Porque cada vez é maior a distância entre os *managers* da Europa institucional e o homem comum, com as presumíveis conseqüências que isso acarreta a longo prazo. É urgente superar essa distância e compreender que as organizações européias não-governamentais não são um luxo, não são meramente uma decoração da cena européia, ou uma voz supérflua no concerto democrático, mas uma realidade decisiva. Porque a Europa de amanhã não será só o resultado de um sonho político ou de um milagre econômico; será, sobretudo, se assim o queremos e nisto colocamos toda a nossa vontade e inteligência, uma realidade composta por instituições e indivíduos, com uma nova consciência sociocultural, será o melhor fruto da experiência de muitos anos, uma sólida união que será capaz de expressar a pluralidade e a riqueza cultural e social européia. Somente sobre essa base a Europa, alguns anos depois de sua refundação, poderá voltar a encontrar sua inspiração, os valores de seus fundadores e atualizar seu sonho. Uma Europa de justiça social, solidária com o Terceiro Mundo, necessária para a estabilização da paz internacional, que represente uma via diferente em um mundo dilacerado pelas agressões econômicas e militares.

E, dentro desse projeto de uma nova Europa e junto a outras fundações do velho continente, as fundações espanholas estão dando, nos últimos anos, provas de grande vitalidade, assumindo decididamente suas responsabilidades na resposta aos desafios da nova realidade social. E tudo isso apesar das condições atuais (jurídicas e fiscais) para o desenvolvimento de suas atividades não serem favoráveis, de acordo com seu merecimento e sua potencialidade, ao cumprimento adequado dos fins para os quais foram criadas. Em todo caso, esta renovada vitalidade nos permite contemplar o futuro com grande confiança e otimismo, porque as fundações nos parecem uma das maiores reservas de liberdade, de pluralidade e de diversidade. Porque são uma das mais fecundas possibilidades de equilíbrio entre as iniciativas sociais e as necessárias limitações do Estado. Esse é, a meu ver, um assunto de primeira ordem. É, na minha opinião, o tema mais apaixonante de nossos dias: a nova concepção das relações entre o Estado e a sociedade.

Referências bibliográficas

SIEGEL, Daniel; YANCEY, Jenny. *The Rebirth of Civil Society. The Development of the Nonprofit Sector East Central Europe and the Role of Wester Asistance.* Nova York, The Rockfeller Brothers Fund., 1992.

POMEY, Michel. *Traté des Fondations d'Utilité Publique.* Paris, Presses Universitaires de France,1980.

Las iniciativas del Consejo de Europa y de la Comissión de Comunidades Europeas. Documentação do XIII Encontro Anual de Fundações, organizado pelo Centro Espanhol de Fundações. Bilbao, janeiro de 1994.

The International Foudation Directory 1994. Introdução, 6ª edição. Londres, Europa Publications Limited, 1994.

Funding Europe's Solidarity Resourcing Foudations, Associations, Voluntary Organisations and NGOs in Member States of the European Union (A Report). Editado por Liam P. Doyle. Bruxelas, Associates, 1996.

TENDÊNCIAS EMERGENTES EM PARCERIAS INTERSETORIAIS: PROCESSOS E MECANISMOS PARA COLABORAÇÃO

Peggy Dulany[*]

[*] Presidente e fundadora do Instituto Synergos. Foi consultora das Nações Unidas e da Fundação Ford na área de saúde e planejamento familiar no Brasil, EUA e Portugal, e também do National Endowment for the Arts em administração não-lucrativa e planejamento. Foi vice-presidente senior da New York Partnership por cinco anos, onde coordenou o programa Youth Employement and Education. É graduada pelo Radckuffe Collegge e doutora em educação pela Universidade de Harvard.

Algumas das soluções encontradas para fazer uma parceria funcionar

O Instituto Synergos,[1] que conta com anos de experiência no trato de parcerias e "instituições-ponte",[2] estudou e coordenou duas séries de casos de colaboração intersetorial na Ásia e África. Esse trabalho veio a esclarecer não só as dificuldades em estabelecer uma parceria, como também a sua utilidade na resolução de problemas complexos e espinhosos.

Um dos dados constatados é que a parceria funciona melhor quando os grupos envolvidos possuem mais ou menos o mesmo nível de poder de decisão. Entretanto, os grupos que se associam em função de questões complexas raramente dispõem do mesmo quinhão de tal poder, o que resulta em um grande problema. Em certos casos, essa deficiência é corrigida pelo robustecimento dos mais fracos através de alianças com outros mais fortes que compartilham dos mesmos interesses, ou pelo ajuntamento dos mais fracos sob uma liderança única, mais vigorosa. Isso é particularmente relevante na colaboração sociedade civil-governo, em que este último geralmente detém mais poder que seus pares da sociedade civil. Daí serem necessárias estratégias visando o fortalecimento da sociedade civil, para que tal empreendimento funcione. No caso de um projeto urbanístico nas Filipinas, no qual o governo queria a remoção dos residentes e os membros de uma comunidade invasora queriam a urbanização dessa comunidade, uma aliança entre estes últimos e o Banco Mundial levou o governo a fazer um acordo.

Uma das constatações de relevância para aqueles que se estão engajando na construção de parcerias é que, quase invariavelmente, colaboração implica conflito no decorrer de algumas fases do processo. Isso não deve ser encarado como uma falha, mas sim como inevitável ao se associar em grupos com diferentes objetivos, ideologias e interesses.

Em alguns casos, esses conflitos são atenuados ou superados no decurso do processo de estabelecimento de confiabilidade entre os participantes, que é freqüentemente estimulado por relações informais entre os indivíduos oriundos dos distintos setores ou grupos, pois uma base de confiança já existe no nível pessoal. Nas Filipinas, no caso supracitado, foram freiras provindas das camadas sociais de elite, porém empenhadas com a comunidade local e que dispunham de acesso aos funcionários do Banco Mundial, que finalmente promoveram a reunião destes com a associação comunitária. A existência de uma estrutura ou "espaço seguro" onde pessoas com óticas distintas pudessem se encontrar foi também de grande valia para sobrepujar os períodos mais ásperos de contenção. Em alguns casos, a presença de uma pessoa depositária da confiança de todos os lados bastou; em outros, uma organização cuja fiabilidade fizesse convergir todas as partes para a mesa de discussão criou a dimensão de espaço seguro onde conflitos puderam ser resolvidos. Esse foi o caso da Fundação Esquel Equador: a diretoria era composta de pessoas de vários setores, ideologias e regiões geográficas do país. Por meio de reuniões ordinárias de diretoria, seus membros vieram a tomar em consideração opiniões mútuas e capacidades e, ao incorporá-las, conseguiram de fato expandir sua eficácia e estratégias.

Verificou-se pelos casos em estudo que a tendência dos grupos era não comprometer-se em parcerias até que todas as demais estratégias tivessem falhado, ou quando a questão em pauta fosse suficientemente séria para que todos tivessem um autêntico interesse pessoal em resolvê-la. Obviamente, se um grupo se sentia suficientemente poderoso para lidar sozinho com o problema, para que todo o trabalho de construir uma parceria? Por outro lado, soluções encontradas por parcerias genuínas propendiam a permanecer efetivas, porque todos tinham um sentimento de posse e simpatia por aquelas soluções. Além disso, quando grupos surgidos de movimentos populares ou organizações de comunidades de base participavam desse processo, que resultava em parcerias bem-sucedidas, era freqüente sentirem-se fortificados para enfrentar outros problemas, o que é um bônus a mais. No caso do biogás para uso familiar na Índia Oriental, a partir do momento em que as comunidades tinham conseguido construir usinas de biogás para fornecer combustível para cozinhar e também eletricidade e percebido então os benefícios decorrentes, sua energia se voltou para questões de saúde da comunidade.

Era vital proceder a um reconhecimento da motivação pessoal que levava cada um a participar, e admitir que haveria benefícios para todos. Se algum grupo não percebesse que lhe seria particularmente proveitoso continuar esse envolvimento, ele o abandonaria e possivelmente procuraria sabotar o processo.

Finalmente, as parcerias são algumas vezes mais bem-sucedidas quando o seu tema se prende a tendências nacionais ou internacionais, que imprimem maior peso à necessidade de resolver o problema em causa. No caso do projeto indonésio de irrigação, por exemplo, o governo daquele país tornou-se mais disposto a permitir que grupos de cidadãos participassem porque os preços internacionais do petróleo caíram e não lhe era mais possível manter sozinho o programa.

Tendências correntes que favorecem e complicam as parcerias governo-sociedade civil

O fato de que o poder dos governos, de modo geral, está sendo reduzido em todo o mundo pode tanto favorecer como obstruir o desdobramento de parcerias. Por um lado, desde que um governo se sinta ameaçado por perda de poder e tema que uma sociedade civil fortalecida signifique o crescimento de partidos de oposição e mesmo um golpe para depô-lo, ele exercerá todo seu poder para manter débeis e desorganizadas as instituições representativas da sociedade civil. Essa oposição poderá, por outro lado, criar resistência ao governo por parte dessas mesmas organizações, o que redundaria numa profecia cumprida pelo próprio profeta. Pode também levar ao resultado não computado de robustecer e unir a sociedade civil em oposição ao governo, e então criar um poder maior, com o qual ele não teria outra alternativa senão negociar.

Outros governos têm assumido uma atitude mais favorável em relação aos organismos da sociedade civil, tendo de admitir que por si mesmos não são mais capazes de financiar e operar programas sociais e que, em muitos casos, aqueles organismos podem levar adiante esses programas de modo mais competente e a custos mais eficazes. Em tais situações de boa vontade, a parceria entre os dois setores decorre de maneira relativamente suave, embora possa haver um período de conflito até finalmente chegar-se a resultados auspiciosos.

Quando uma determinada sociedade civil se torna suficientemente forte para pronunciar-se com voz relativamente à altura da de seus pares no setor privado ou no governo, isso aumenta as oportunidades de parceria bem-sucedida. Ao contrário, quando a sociedade civil é fraca ou dividida, tal colaboração se torna muito mais difícil.

Mesmo nos países onde os dois setores são polarizados ou onde há grande desigualdade, existe a inclinação de "fazer-se uma ponte entre pessoas" no âmbito de cada setor, as quais procuram terreno adequado para parcerias produtivas. A sua existência e a descoberta de cada uma dessas possíveis pessoas podem em muitos casos resultar no primeiro passo para a construção de uma relação de mais estreita colaboração, surgida do que até então eram principalmente ocasiões de confrontação.

Outro fator que dispõe favoravelmente a parcerias felizes entre o governo e a sociedade civil é que grandes segmentos do setor privado e pelo menos algumas dentre as multi e as bilaterais começaram recentemente a dar-se conta da importância da sociedade civil na resolução de impasses sociais, e tendem agora a apoiar os esforços da sociedade civil para ser encarada como legítima parceira do governo. Mais empresas privadas e oficiais estão financiando grupos existentes na sociedade civil. E algumas multinacionais, quando seus estatutos exigem que tais financiamentos devam ocorrer com o consentimento do governo, estão exercendo pressão junto aos governantes para que estes aquiesçam em que se transmitam fundos para organizações da sociedade civil, porque essas multinacionais acreditam que alguns programas possam ser assim mais bem executados.

O fato de que parcerias têm-se tornado moda, entretanto, pode ser contraproducente, porque sem objetivos concretos e específicos, e marcas a serem alcançadas, os participantes podem rapidamente se decepcionar com parcerias como meio de solucionar problemas. Para que venham a ser bem-sucedidas, as parcerias precisam estabelecer objetivos a curto e longo prazo, de maneira que seu progresso possa ser monitorado.

Três exemplos recentes de esforços para criar colaboração governo-sociedade civil na América Latina

Como parte da tendência global de incluir a sociedade civil na solução de problemas sociais, o InterAmerican Development Bank — Banco Interamericano de Desenvolvimento (BID) contratou a World Alliance for Citizen Participation —

Aliança Mundial para Participação do Cidadão (CIVICUS) e o Instituto Synergos para, juntamente com os representantes locais, organizarem consultas no nível nacional entre a sociedade civil e o governo no Brasil, Colômbia e México, visando criar relações produtivas de trabalho e objetivos comuns, subsidiando assim a possibilidade de o BID ser autorizado por cada um dos governos a financiar diretamente algumas atividades da sociedade civil.

Esse processo foi muito interessante e bastante diferente em cada país. Na Colômbia, apesar da difícil situação — ou talvez em parte pelo fato de a situação ser tão difícil que o governo não tenha outra escolha a não ser colaborar —, o diálogo foi muito feliz e já levou a relações de trabalho concretas que incluem o financiamento pelo BID.

No caso do Brasil, as relações sociedade civil-governo estão também progredindo. O governo, e particularmente a Comunidade Solidária, dirigida pela primeira-dama Ruth Cardoso, estão dispostos a trabalhar em colaboração com as organizações da sociedade civil. Embora a consulta no nível nacional não tenha sido talvez tão nacional quanto seria necessário, ela forneceu uma base para maior cooperação no futuro. A Comunidade Solidária recebeu financiamento do BID e o está encaminhando por meio de algumas organizações da sociedade civil.

No México, o progresso tem sido mais lento. Como apontado acima, em situações nas quais o governo se sente ameaçado, ele tende a se opor ao fortalecimento da sociedade civil, que poderia vir a dar no surgimento de sua própria oposição. Conquanto algumas pessoas em alguns dos ministérios tenham se mostrado mais abertas ao diálogo, de maneira geral o governo federal não demonstrou grande disposição em participar do diálogo. Da mesma forma, não está muito aberto a que o BID encaminhe fundos a organizações da sociedade civil, isto apesar de considerável pressão internacional.

A emergência e necessidade de mecanismos de ponte para facilitar parcerias

Como resposta talvez à necessidade observada e à tendência para trabalhos de parceria, estão surgindo alguns tipos distintos de novos agentes sociais que compartilham algumas características, inclusive operando com mecanismos de ponte. Essas organizações são extremamente necessárias para ajudar a mediar as enormes diferenças existentes entre setores e ideologias no que concerne a fontes de recursos, níveis de poder e abordagens de problemas. Essa função de ponte entre os segmentos visando tornar mais fácil a formação de parcerias efetivas pode ser desempenhada não só por indivíduos, como também por organizações, e se originar no governo ou na sociedade civil.

Exemplos de mecanismos de ponte que se originaram no governo e incluem representantes da sociedade civil e do setor privado são, no Brasil, a Comunidade Solidária e os Conselhos da Criança e do Adolescente (nos âmbitos municipal, estadual e federal), os quais constituem uma nova área intersetorial de colaboração. Esses novos mecanismos representam um espaço seguro onde a credibilidade entre os setores pode ser construída. No entanto, para que funcionem bem, é preciso que tenham objetivos específicos e marcas de sucesso a atingir.

Da mesma maneira, na sociedade civil está surgindo uma nova geração de organizações-ponte que, se realmente representativas e dignas de confiança, podem atuar como interlocutoras junto aos atores maiores tais como o governo, o setor privado e as multi e bilaterais. Mesmo apresentando variações, elas têm em comum pelo menos algumas das seguintes características:

- Pluralidade e representatividade na composição de sua diretoria e/ou corpo de funcionários.
- Credibilidade junto a várias áreas, incluindo as bases pelas quais foram eleitas.
- Eficiência, capacidade administrativa e financeira para gerir e destinar grandes capitais.
- Orientação para trabalhar em parceria.
- Capacidade para reunir diversos grupos em torno das mais variadas questões.
- Potencial para capacitar os grupos menores.

Considerando que a colaboração intersetorial está na ordem do dia, tais grupos precisam existir para que a sociedade civil seja representada. São igualmente importantes na sua função de destinadores de grandes verbas provenientes de multi e bilaterais, as quais não teriam de outra forma meios de fornecer pequenos empréstimos, doações ou investimentos do porte daqueles administrados pela maioria das organizações não-governamentais.

Um tipo de organização-ponte que está se tornando bastante comum em várias partes do mundo são as fundações de comunidades ou Organizações de Recursos da Sociedade Civil (CSROs).[3] O Instituto Synergos recentemente completou um estudo de oito organizações desse tipo no mundo. Quatro da América Latina foram incluídas: FES (Fundación para la Educación Superior) na Colômbia, FMDR (Fundación Mexicana para el Desarrollo Rural), FEE (Fundación Esquel Equador) e a Fundação Comunitária de Puerto Rico. Todas elas possuem algumas das características mencionadas acima.

No entanto, nem todas CSROs funcionam como doadoras. Exemplos de instituições que não estão engajadas em tais atividades são as associações de organizações da sociedade civil surgidas recentemente, como a GIFE (Grupo de Instituições, Fundações e Empresas) no Brasil, CEMEFI (Centro Mexicano para la Filantropía) ou a Associação Colombiana de Fundações. Essas organizações, juntamente com outras CSROs, compartilham de objetivos comuns que visam ao fortalecimento da sociedade civil através de pesquisa e defendem a escolha de caminhos que conduzam ao aperfeiçoamento da estrutura jurídica e tributária do país. Caracterizam-se por facilitarem as parcerias e mobilizarem a sociedade civil. Podem ser de abrangência local ou nacional. Dois exemplos no Rio de Janeiro são o movimento Viva Rio, que agrupa diferentes setores para melhorar a qualidade de vida na cidade, e a parceria Roda Viva, que reúne grupos que defendem e criam instrumentos para fazer cumprir os direitos da criança. É importante que essas organizações existam em todos os âmbitos, do local ao global, porque existem lacunas a serem preenchidas em toda parte.

Um outro tipo de organização-ponte, mais dirigida para a economia, que adapta os mecanismos financeiros do mercado ao desenvolvimento social e econômico, está igualmente em expansão, tanto em números como em importância reconhecida. Um exemplo são os bancos da comunidade e o melhor deles, o Grameen Bank em Bangladesh. Existem também outros programas bem-sucedidos em fornecer crédito à população mais pobre, inclusive o Banco do Sol na Bolívia e a Fundación Social na Colômbia.

Uma nova forma de organização econômica com função de ponte surgida recentemente e promovida pela South North Development Initiative — Iniciativa para o Desenvolvimento do Sul e Norte em Nova York são as firmas de investimento de capital local, que, segundo os seus diretores, chegaram a dois resultados: um retorno financeiro razoável e um impacto social significativo. Tais fundos estão operando no México e Zimbábue e outros estão sendo desenvolvidos em vários países da América Latina, Ásia e África. Os promotores locais podem ser ONGs, fundações, bancos ou empresas de gerenciamento. As atividades dos fundos ajudam a fazer a ponte entre os mercados de capitais e as economias locais e trazem aos pequenos empresários capacitação, informação e capital aos quais não teriam acesso de outra maneira.

Na medida em que houver maior interação e colaboração entre os setores, sem dúvida surgirão novas formas de organização econômica com função-ponte, como as franquias que geram empregos e negócios para as pequenas comunidades, ou as iniciativas que ajudam os grupos de produtores locais a colocarem seus produtos no mercado de forma mais vantajosa. É interessante observar que os membros da diretoria da Fundación Esquel Equador oriundos do setor privado mantiveram uma pressão constante para que suas atividades fossem disciplinadas num método de trabalho. Esse método, que não seria simplesmente para distribuir dinheiro, mas para levar as lideranças a abrir uma janela tanto de crédito como de investimento, foi em grande parte o resultado dessa pressão. A partir daí tem sido bem mais fácil para a FEE levar a comunidade econômica do Equador a assumir compromissos, tanto garantindo empréstimos para a população carente, como investindo conjuntamente no fundo de capital local; isso porque esses novos mecanismos não são apenas dirigidos para o desenvolvimento da comunidade, como também são operados de acordo com princípios empresariais sólidos.

Conclusões

Pode parecer que as parcerias sejam uma maneira difícil de abordar problemas socioeconômicos, mas elas possuem um grande potencial para resolvê-los. Uma autêntica parceria deve procurar instrumentos para superar os desequilíbrios de poder para que, ao sentarem-se à mesa, todas as partes tenham os mesmos direitos de expressão. Construir parcerias felizes toma tempo e exige esforço mas conduz a soluções sancionadas. Também fortalece a participação dos movimentos populares, para que estes sejam capazes de lidar com outras questões por conta própria ou com novos parceiros. Embora alguns grupos importantes possam resistir às parcerias preferindo enfrentar sozinhos os seus problemas, isso se torna cada vez mais difícil, já que outros grupos interessados muitas vezes bloqueiam ou sabotam soluções unilaterais. Até atores poderosos como os governos e o setor privado, em razão disso, estão se voltando cada vez mais para as técnicas de parceria. O potencial mais estimulante surgido dessas colaborações entre setores talvez seja a sinergia de 2+2=22 e não 4, quando o talento, capacidade e recursos oriundos de diferentes grupos começam a atuar harmoniosamente, e não com propósitos conflitantes.

Notas

1. Em colaboração com o Instituto para o Desenvolvimento da Pesquisa, Boston, EUA; Sociedade de Pesquisa Participatória (PRIA), Índia; Associação Africana de Alfabetização e Educação de Adultos (AALAE), Quênia; Grupo Esquel, América Latina; e o Centro Highlander, Tennessee, EUA
2. Um termo criado por L. Dave Brown, do Instituto para o Desenvolvimento da Pesquisa.
3. Estas CSROs geralmente desempenham um papel mais amplo do que as fundações de comunidades existentes no Norte; daí muitas preferirem ser conhecidas por essa designação.

CONSIDERAÇÕES DE FIM DE SÉCULO

*Roberto Paulo César de Andrade**

* Advogado, pós-graduado em economia e administração, atualmente é presidente-executivo chefe da BRASCAM-Brasil e presidente da Fundação BRASCAM. É também membro do conselho diretor de diversas instituições educacionais, culturais e de proteção ao patrimônio histórico, bem como membro do Conselho Curador da Fundação Brasileira para o Desenvolvimento Sustentável e membro do Conselho Consultivo do GIFE.

O século XX, de um ponto de vista estritamente histórico, pode ser considerado como o período que vai do final da Primeira Guerra Mundial até a queda do Muro de Berlim. Assim, historicamente tão curto que mal ultrapassou os setenta anos (de 1918 a 1989), aproxima-se de seu fim cronológico sem que se tenha feito uma análise cuidadosa do que ele representa do ponto de vista das mudanças que, no curso de menos de três gerações, passaram a reger o relacionamento entre o indivíduo e o Estado.

Com efeito, até a Primeira Guerra Mundial, prevaleciam, no Ocidente, democracias cujas origens filosóficas, instituições e finalidades se encontram nos clássicos tratados de política greco-romanos.

Havia certamente povos "bárbaros", mas cuja forma despótica de governo, ainda assim, se enquadrava nas categorias políticas de Aristóteles e Platão. Poder-se-ia dizer que, exceção feita à emergente Federação Americana, nada ocorria de novo sobre o solo político.

Mesmo na América, as instituições evoluíram a partir de um quase mimetismo da monarquia inglesa (Washington hesitou entre aceitar ou não o título de rei). As peculiaridades surgiram muito mais das condições sociais, geográficas e econômicas das treze colônias.

A relatividade do poder do Estado sempre foi um dado do mundo europeu pós-napoleônico. Havia um equilíbrio razoável, ainda que instável, entre governo e classes dominantes, com parlamentos mais ou menos ativos servindo de freio, pelo controle dos impostos, às ambições exageradas dos governantes, muitas vezes coroados.

A Revolução Francesa e as campanhas napoleônicas haviam introduzido na Europa as guerras "nacionais", ainda que mantendo certos resquícios do cavalheirismo do século XVIII: matava-se o inimigo, pilhavam-se as suas riquezas (já agora em nome de nações e não mais de príncipes), mas o combate ainda era entre soldados e o objetivo ainda a vitória, não o genocídio.

O mundo vitoriano e seu sucessor eduardiano iludiram-se com o brilho do Século das Luzes. Julgaram infinito o horizonte da ciência, confiaram na vitória dos empresários agressivos e predadores sobre a crescente pressão do emergente proletariado industrial e aguardaram, seguros, o advento da utopia.

A hecatombe de 1914/18 trouxe como seqüela a conseqüência lógica dessas crenças, traduzida em duas imagens espelhadas: o fascismo e o bolchevismo. Ambos acreditavam que, através da ciência, poder-se-ia atingir a utopia. Se assim era, ninguém melhor que o Estado, único representante legítimo da nação, para fazê-lo, e como, para atingir o bem absoluto, todos os meios se justificam (já o dissera, no passado, a Santa Inquisição), nenhum escrúpulo era necessário, nenhum recurso ilegítimo.

Não há dúvida de que as forças que assim se desencadearam e aquelas que a elas se opuseram foram das mais poderosas, malignas e também criativas de toda a história da humanidade: dezenas de milhões de homens mortos em combate, outro tanto longe das linhas de frente, sem distinção de idade ou sexo; genocídios deliberados; cidades obliteradas com todos os seus habitantes; o átomo liberado; a lua e os planetas alcançados; os rincões mais íntimos da biologia e da genética desvendados.

Entrementes, criou-se o grande impasse de forças que fez temer pela própria sobrevivência da espécie, impasse que terminou com o surpreendente desmonte da União Soviética, última utopia, vítima da insustentabilidade de seus alicerces.

Tudo o que foi dito acima já foi mais bem exposto e mais lucidamente analisado. Por que repeti-lo? Apenas para ilustrar que o episódio, aparentemente aberrante, das ditaduras de direita e de esquerda do entre-guerras não resultou de um ensandecimento súbito de povos cultos mas de conseqüências lógicas de sementes preexistentes caídas no solo arado pelos desastres da guerra.

A conjugação da crença num mundo newtoniano, onde a previsibilidade das coisas dependeria apenas da profundidade do conhecimento delas, com os instrumentos cada vez mais poderosos criados pelas ciências aplicadas, levou à tentação quase irresistível do planejamento estatal, até mesmo nas democracias, onde os governos dispunham de força moderada e deviam explicações à opinião pública.

Einstein e a física quântica introduziram uma cunha de imprevisibilidade no mundo que, da esfera acadêmica, acabaria resvalando para a cultura popular, impregnando de ceticismo o nosso fim de século.

Não mais acreditamos em utopias, nem esperamos um novo advento criado pelos governos através de doutrinas partidárias. No entanto, ao se aproximar o ano 2000, não nos cercam as nuvens negras do medo e do pessimismo que cobriram de maus presságios o fim do primeiro milênio de nossa era. O mundo prospera e parece acreditar que a prosperidade será permanente. Os regimes democráticos se generalizam. As economias se globalizam. Parece aberto o caminho da ascensão gradual de todos a uma qualidade de vida decente.

O Estado, que foi a grande vedete do século, encolhe-se, encabulado ante os desastres que causou. Discute-se qual a sua verdadeira dimensão, mas a preocupação é antes com o mínimo indispensável que com a magnitude necessária ou tolerável.

Por outro lado, o mito do Estado dá lugar ao mito do mercado: o bem comum seria um produto automático dos ajustamentos de mercado, cujo resultado final seria sempre positivo. Diante do fracasso das economias dirigidas e do atraso comparativo do padrão de vida das sociedades por elas criadas, originou-se uma expectativa otimista no Ocidente, que explica o clima quase róseo do fim do século.

A verdade é que o mercado não transcende o econômico: é incapaz de suprir as necessidades humanas no imenso campo da busca da liberdade, da criatividade, do amor e da felicidade.

Nos Estados Unidos, país que, desde a origem, já tinha um perfil parecido com o que se delineia hoje no resto do mundo, isto é, um Estado fraco e uma economia de mercado, desenvolveu-se um forte antídoto à tirania da plutocracia através do surgimento de uma ativa ação comunitária cuja tradição e força se traduz na mais poderosa e duradoura estrutura democrática do mundo atual.

Afora os fenômenos socioeconômicos acima mencionados, herdamos do século XX algumas condições que criam um mundo novo para o século XXI. Não somente um mundo diferente, mas uma circunstância inteiramente nova na experiência da humanidade: com a explosão dos meios de comunicação e de processamento de dados, acrescentamos ao conceito de "aldeia global" de MacLuhan o de "isolamento participativo", criado pela televisão interativa e a

Internet. Num primeiro momento, somos todos membros do mundo que nos chega através de meios de comunicação cada vez mais perfeitos e imediatos; logo em seguida, ganhamos acesso a todo o saber humano na intimidade de nossos lares. A aldeia, por definição um lugar em que as pessoas se conhecem e se encontram, é substituída por um lugar que lembra o planeta Solaria, astro de ficção científica, criado por Isaac Azimov, onde os homens, servidos por robôs, vivem isolados em mansões distantes uma das outras, comunicando-se através de computadores e televisões.

Existem, portanto, pelo menos duas ameaças novas à sobrevivência de nossa sociedade no século que se abre: a primeira é a que surge de um entendimento falso do papel da economia na estrutura social; a segunda é o risco de que nos tornemos uma sociedade de ermitões tecnológicos.

Quanto à primeira, é imprescindível que haja uma conscientização profunda, em todos os círculos da sociedade, do exato papel do mercado como o mais eficaz meio de conduzir à prosperidade econômica. É preciso compreender, também, que o mercado, para funcionar adequadamente mesmo como propiciador do rápido aumento da riqueza coletiva, precisa de freios e contrapesos que evitem as distorções causadas pela existência, por vezes necessária e por vezes danosa, de monopólios, oligopólios e demais formas de concorrência imperfeita, bem como distorções decorrentes de problemas sociais.

Hoje, por exemplo, o Brasil está às voltas com o problema dos sem-terras. Não há dúvida de que, no mundo moderno, com raríssimas exceções, a agricultura é mais eficiente e barata quando exercida pelas empresas agro-industriais do que pelo minifúndio familiar. No entanto, também não há dúvida de que é necessário dar um pouso, ainda que temporário, às populações excedentes rurais que não possam ser, desde logo, absorvidas pelas cidades. Daí a busca de soluções inteligentes que consigam conciliar essas necessidades, ainda que de forma menos economicamente eficiente.

O problema dos sem-terras é gritante — está nas manchetes, provoca violência e morte. Outros existem ameaçando os defensores do mercado. Uns, falsos, outros, verdadeiros. Os falsos, infelizmente, abundam, como o antigo nacionalismo — que pretendia atingir a felicidade geral através do protecionismo, buscando o mito das autarquias econômicas nacionais com o mesmo entendimento iludido que conduziu ao desastre das sociedades planejadas.

É difícil ficar "ligeiramente grávido". Uma vez admitido e iniciado o processo de proteção, não há como deixar de estendê-lo a mais e mais setores, terminando como o Brasil de há pouco, em que fabricávamos tudo, a custos incríveis, para vender a preços extorsivos produtos que em vez de nos enriquecer, empobreciam o consumidor, diminuíam o seu poder de compra e, conseqüentemente, acabavam travando a economia em vez de impulsioná-la.

Só há uma maneira de conseguir o equilíbrio, sempre móvel e vacilante, entre as necessidades de manter um mercado atuante e o atendimento das exigências peculiares de uma situação social ou do verdadeiro interesse nacional (pelo menos enquanto o Estado-nação existir — o que, apesar de tudo, parece abranger todo o futuro previsível): essa maneira certamente não é a do Estado totalitário, tutor do interesse público confundido com os interesses do ditador, do partido ou de uma burocracia dirigente — todos falíveis, como provou de forma terrível o século que acabamos de ver passar. Seria a ação do governo democrático, se não soubéssemos que a democracia representativa, especialmente em megapaíses como o nosso, tem também uma incapacidade comprovada para a boa administração da microeconomia. É necessário, portanto, buscar o equilíbrio através de uma aliança construtiva e bem compreendida entre o mercado, o Estado democrático e o próprio cidadão atuando diretamente em benefício de sua comunidade — no sentido mais abrangente da palavra.

Só o cidadão sabe o que quer para si, para sua família e para a sua comunidade. É ele que deve decidir sobre suas prioridades e, portanto, sobre a maneira como devem ser conduzidos os negócios da nação para permitir que elas se realizem. Quando dizemos "cidadão", é evidente que queremos nos referir ao produto da interação entre os cidadãos da mesma comunidade, através do diálogo, do convencimento e de decisões conscientes que, mesmo erradas, podem ser corrigidas livremente no tempo.

Essa participação difere da participação política manifestada através da democracia representativa. É direta e concerne a matérias com as quais o cidadão tem contato imediato e conhecimento direto. É também, por sua natureza, gratuita por não buscar o lucro, finalidade da atividade econômica. Nesse caso, a remuneração, quando existente, contempla apenas as atividades-meio ou, quando a atividade-fim, apenas para cobrir os seus custos de manutenção e desenvolvimento. Por isso, as atividades de cidadania participativa enquadramse entre as chamadas atividades "não lucrativas", que hoje em dia se reúnem sob o nome genérico de "Terceiro Setor", em contraposição aos dois outros: o Estado e o setor empresarial.

Estado democrático de âmbito reduzido ao essencial, que não se enquadra na esfera de ação dos dois outros setores: economia de mercado, globalizada o mais possível, e um Terceiro Setor forte, eticamente estruturado, abrangente mediante a participação do maior número possível de cidadãos — essa parece ser a fórmula capaz de permitir ao século XXI escapar das mazelas daquele que passou entre tantos desastres e tragédias.

O exemplo, ainda que imperfeito, dos Estados Unidos deve ser estudado e imitado do mesmo modo que estudamos e imitamos os sucessos econômicos de nossos vizinhos do norte.

Para isso, seria necessário, antes de mais nada, vencer o problema cultural: no Brasil, setor não lucrativo tem correspondido a caridade, virtude soberana cristã, sem a qual jamais atingiremos o reino dos céus (segundo nos ensina São Paulo em sua admirável epístola aos Coríntios), mas que, assim como suas irmãs, a fé e a esperança, é qualidade da alma do indivíduo, subjetiva. Pode, sem dúvida, refletir-se na ação e no benefício da coletividade, mas tem enfoque distinto da cidadania e não se confunde com ela.

Outra confusão se faz com a filantropia — o amor ao próximo leigo, geralmente expresso por donativo pecuniário do rico ao pobre, ou às obras que têm como objetivo beneficiar as chamadas classes menos favorecidas. A filantropia se enquadra certamente no Terceiro Setor, mas não o esgota.

Estão também no Terceiro Setor as organizações cívicas, culturais, sociais, educacionais, de saúde e mesmo as religiosas, quando não apenas sectárias, e uma gama quase inesgotável de ONGs assumindo posições as mais diversas conforme as convicções que motivaram a sua organização.

Nesse amálgama de movimentos, idéias e objetivos, muitas vezes encontramos os que se utilizam da pele de cordeiro para disfarçar o lobo e permitir que o predador se aproveite da confiança desarmada de sua presa ante a alvura falsa da lã. Tal distorção se torna mais tentadora quando os governos, direta ou indiretamente (através da renúncia fiscal), provêem dinheiro fácil e livre de tributos às entidades pseudobeneficentes.

Essa distorção, geradora de escândalos altamente publicizados, é um dos fatores que dificultam a introdução de uma nova cultura de cidadania participativa em nosso meio. Desde o cidadão comum até (e principalmente) o governo, olha-se com desconfiança quem parece querer dar, seja dinheiro, seja trabalho, sem ganhar nada. Daí as duas grandes resistências à mudança.

A resistência do cidadão — traduzida em ceticismo inicial — pode, quase sempre, ser vencida pela persuasão, pela demonstração e pelo exemplo. Ao contrário do que se divulga, há uma extraordinária propensão à cooperação comunitária entre os brasileiros, apesar da imensa carga de descrença, pessimismo e derrotismo que a mídia comum derrama cotidianamente sobre os seus usuários. Basta conseguir que alguém se convença de que o seu esforço ou o seu dinheiro "faz uma diferença" para que a colaboração venha, espontânea e, muitas vezes, surpreendente.

Já o mesmo não acontece com os governos. As burocracias tendem a julgar, quando honestas, que são, por definição, mais eficazes que os particulares. Das desonestas não é preciso falar. Elas, como os pobres, no dizer de Cristo, sempre estarão entre nós. Felizmente, tendem a diminuir, se não a desaparecer.

A ilusão da eficácia do Estado persiste contra todas as provas em contrário. Homens inteligentes estão imbuídos dela e, por isso, têm dificuldade de compreender os tempos em que vivemos. Iludem-se, também, ao considerar "do Estado" o dinheiro do contribuinte recolhido através dos impostos (um secretário do Tesouro criticou asperamente um empresário que pleiteava maior renúncia fiscal em favor de obras do Terceiro Setor, acusando-o de querer "fazer caridade com o nosso dinheiro"). A noção de que todo o dinheiro do país pertence a seus cidadãos, que o cedem ao governo por consentimento expresso ("No taxation without representation" foi o conceito que deu origem à Magna Carta — fonte das democracias modernas), e que, portanto, deve ser devolvido ao cidadão sempre que o seu uso nas mãos deste seja mais eficaz do que nas mãos do Estado, é fundamental para poder entender e justificar a renúncia fiscal, isto é, o fato de o governo, em qualquer nível, autorizar o cidadão a usar dinheiro seu para determinado fim *em vez de entregá-lo ao Estado*.

Ainda, por trás das desconfianças tanto do Estado quanto dos cidadãos, está o uso aético de recursos pedidos a um e a outro para atividades ditas de interesse comum. Como o Estado é também incompetente para fiscalizar o uso dos recursos destinados ao Terceiro Setor, pretende resolver o problema com a proverbial remoção do sofá: já que a fiscalização é impossível ou ineficaz, elimine-se o problema eliminando-se o benefício ou cercando-o de tais exigências burocráticas que o resultado pouco difere.

Trata-se aí da conhecida síndrome da firma reconhecida: todo cidadão é considerado falsário até que um burocrata ateste o contrário. Como os maiores interessados em evitar que tal atitude se torne a regra são os próprios membros do Terceiro Setor, seria aconselhável que se unissem em associação, cujos principais objetivos fossem: primeiro, o de mudar a cultura popular através da divulgação e esclarecimento do papel e relevância do Terceiro Setor e da importância de todo cidadão escolher um campo de atuação dentro dele a que se dedicar ou a que apoiar; segundo, o de estabelecer sua própria auditoria ética, que permitisse, de alguma forma, "certificar" a autenticidade e o atendimento a princípios éticos pré-determinados, de tal maneira que se criasse uma forma de *rating*, como o utilizado para atestar a credibilidade financeira das empresas, que fosse aplicável à credibilidade ética e organizacional das entidades atuantes no Terceiro Setor. Seria indispensável um determinado nível mínimo de *rating* para que fosse possível justificar, por exemplo, deduções fiscais referentes a contribuições e donativos feitos para tais entidades; terceiro, o de atuar junto ao Congresso e ao Executivo a fim de obter a necessária cobertura legal e regulamentação para permitir que seja gerado um entendimento adequado das funções e do papel do Terceiro Setor.

Num país como o nosso, é indispensável que se procurem meios eficazes para permitir que os esforços da cidadania sejam canalizados em benefício de todos. Tais meios passam, sem dúvida, por um esforço coletivo de convencimento e exemplo por parte dos que já se encontram ativos no Terceiro Setor, para trazer a este um número cada vez maior de brasileiros.

A maior força de recrutamento, principalmente de indivíduos, não é a vantagem fiscal mas a convicção individual.

Por outro lado, é preciso também um grande esforço para convencer nossos legisladores e os membros do Executivo de que a comunidade saberá usar o dinheiro da nação de forma, muitas vezes, mais eficaz do que os governos quando se tratar de empreendimentos que estiverem a seu alcance e que, por isso, nesses casos, justificarem não somente o apoio governamental ativo, como também a renúncia fiscal desburocratizada, fácil de usar e ampla. Tais benefícios atrairão para as causas do Terceiro Setor não só indivíduos abastados mas principalmente as empresas, nas quais o peso das vantagens financeiras tem uma influência bem maior do que no caso dos indivíduos.

Deixamos ainda, pairando sobre o nosso fim de século, a segunda nova grande ameaça à solução do "tripé de equilíbrio" acima examinada: a do "isolamento participativo". Quanto a esta, só o tempo dirá se no século XXI o espírito comunitário, em vez de caminhar no sentido de um apoio cada vez maior e mais eficaz aos dois outros elementos do tripé, dirigir-se-á em sentido contrário, para um isolamento crescente do indivíduo, refugiado atrás de um umbigo tecnológico, dentro da passividade amniótica do cubo de concreto onde mora. Se isso ocorrer, os jovens de hoje terão de enfrentar uma ameaça talvez mais grave do que as que, em nosso século, quase levaram a humanidade de volta à barbárie, se não à própria extinção.

EMPRESA-CIDADÃ: UMA VISÃO INOVADORA PARA UMA AÇÃO TRANSFORMADORA

Antônio Carlos Martinelli[*]

> "Enquanto uma empresa não abraçar uma causa maior e mais abrangente do que o enriquecimento dos acionistas, terá poucos líderes de peso; é mais provável encontrá-los nas arenas das ONGs do Terceiro Setor. Se esse for o caso, o Terceiro Setor poderá ser o local de treinamento empresarial e talvez político."
>
> *Charles Handy*

[*] Diretor-presidente do Instituto C&A de Desenvolvimento Social.

As empresas são organismos vivos e, ao longo do tempo, acabam incorporando mudanças e procedimentos para se adaptar às novas realidades e garantir a sobrevivência.

De alguns anos para cá, tem-se notado em ritmo promissor uma crescente consciência de que a empresa pode e deve assumir dentro da sociedade um papel mais amplo, transcendente ao de sua vocação básica de geradora de riquezas. E a resposta a essa crescente demanda da sociedade pode estar associada não só a motivos de obrigação social, mas também a sugestões de natureza estratégica.

A receita para a empresa se distinguir na renhida batalha do mercado globalizado continua a conter os ingredientes clássicos: qualidade total, reengenharia, relação custo-benefício, compromisso com o cliente etc. Entretanto, será mais "palatável" a empresa que incorporar uma boa dose de cumplicidade com seu entorno, evidenciada num programa de atuação comunitária.

Empresas em diferentes estágios

Entretanto, convivem no setor empresarial diferentes concepções de empresa e, conseqüentemente, diferentes práticas, que acabam por refletir-se claramente na sua imagem e nos resultados que produzem.

Didaticamente, podemos distinguir três estágios principais, embora, na prática, se aplique melhor a idéia de um *continuum* ao longo do qual cada uma se insere.

Empresa somente como negócio

No patamar mais baixo, há o que chamamos *negócio*, no qual o centro de interesses é o investidor e o lema implícito pode ser assim resumido: *"o lucro a qualquer custo"*. Outros protagonistas que necessariamente se relacionam com o negócio, como clientes, funcionários, fornecedores etc., são entendidos e "usados" simplesmente como meios de aumentar os lucros.

Não é à toa que a cineasta Tizuka Yamasaki disse que a maneira mais fácil de caracterizar um vilão, num filme, é encarná-lo no papel de empresário.

Empresa como organização social

Num estágio acima, podemos conceituar a empresa como um ente *intrinsecamente social*, por ser formada de grupos de pessoas, numa relação de interdependência com ela, chamados *stakeholders* ou grupos de interesse. Segundo um critério lógico, não de importância, são estes os principais "grupos de interesse": *clientes, funcionários, fornecedores, governo, sociedade (comunidade) e os próprios acionistas.* Como veremos, a posição dos acionistas em último lugar não é um gesto de humildade, mas antes uma atitude estratégica, ou, segundo Phil Carrol, da Shell Oil:

> Precisamos aprender como ver a empresa como um sistema vivo e a vê-la como um sistema dentro do contexto de sistemas maiores dos quais é parte. Somente depois nossa visão incluirá, de modo confiável, o retorno para os acionistas, um ambiente produtivo para os empregados e uma visão social para a empresa como um todo.

Prova cabal do caráter social das empresas é que quando elas quebram fraudulentamente ou por gestão deficiente (disso temos exemplos recentes e chocantes no país) acabam por traumatizar todos aqueles parceiros.

De outro lado, uma gestão eficaz que busca atender às expectativas desses grupos tende a fortalecer a organização. Para Stephen R. Covey,

> nas empresas, novos líderes desafiarão a premissa de que a "satisfação total do cliente" representa a principal ética da prestação de serviços. Eles caminharão rumo à satisfação total dos grupos de interesse, cuidando para que todos participem do sucesso da operação e tomando decisões que beneficiem todos os grupos.

José Mindlin, empresário, chega mesmo a afirmar que "a empresa não é um fim em si mesma, e sim um instrumento de desenvolvimento social".

A natureza da relação entre a empresa e seus interlocutores vai depender muito das políticas, valores, cultura e sobretudo da visão estratégica que prevalecem dentro da organização, no atendimento a essas expectativas. Assim, há desde as empresas que tratam seus parceiros de modo reativo, limitando-se a resolver conflitos, até aquelas que buscam estrategicamente otimizar as relações com todos, definindo claramente políticas e linhas de ação em relação a cada um deles.

Conseqüentemente, toda empresa é um negócio, mas nem todo negócio é uma empresa.

Empresa-cidadã

Neste estágio, a empresa passa a adquirir uma característica inédita. Opcionalmente pode agir através da criação de uma fundação ou instituto, contribuindo de maneira transformadora para a elevação do meio social em que se insere. Assume compromisso e define políticas em relação a cada um de seus parceiros. Cultiva e pratica livremente um conjunto de valores, muitas vezes explicitados num código de ética, que formata consensualmente a cultura interna, funcionando como referências de ação para todos os seus dirigentes nas relações com os parceiros.

Essa posição, longe de ser estática, tem um caráter dinâmico, e para Richard Beckhard, "o maior desafio será conduzir e gerenciar com eficácia as relações entre a missão ou o propósito da organização, suas interações e parcerias com outras instituições e outros setores e a declaração aberta de seus valores".

A empresa-cidadã opera sob uma concepção estratégica e um compromisso ético, resultando na satisfação das expectativas e respeito aos direitos dos parceiros. Com esse procedimento, acaba por criar uma cadeia de eficácia, e o lucro nada mais é do que o prêmio da eficácia.

Empresa-cidadã e sociedade

A empresa-cidadã se desenvolve imersa na sociedade, na qual busca seus clientes, funcionários, fornecedores e outros insumos necessários para sua operação. Ela não se atém apenas aos resultados financeiros expressos pelo balanço, mas inova com a formulação de um *balanço social*, onde avalia sua contribuição à sociedade.

As empresas podem relacionar-se com a sociedade assumindo diferentes posturas: algumas adotam uma atitude predatória, exploradora, em relação ao *bem comum* — por exemplo, prejudicando pessoas, poluindo o meio ambiente etc. —; outras assumem uma posição de neutralidade, considerando que lhes basta recolherem seus impostos, remetendo ao governo a responsabilidade pela eliminação das mazelas sociais; a *empresa-cidadã*, no outro extremo, adota posição *pro-ativa* de querer contribuir para encaminhar soluções para os problemas sociais.

Central de recursos

Dentro da sociedade, o setor empresarial, sem dúvida, é o detentor do maior acervo de recursos potencialmente mobilizáveis.

A empresa-cidadã foi a que tomou a decisão de mobilizá-los, transformando-se numa verdadeira *central de recursos* à disposição da sociedade. Segundo Jan Wiegerinck, empresário, "a missão básica da empresa é a de tornar viável o uso de recursos disponíveis". A riqueza dessa central inclui: *informações* (o recurso mais precioso na atualidade), *técnicas de gerenciamento, cultura de resultados, senso de prioridade, recursos materiais e financeiros* e sobretudo *RECURSOS HUMANOS VOLUNTÁRIOS,* que possibilitam a mobilização de todos os outros recursos. Resumindo, a empresa-cidadã possui compromisso ético, talentos, tempo e recursos materiais, fatores estratégicos no desenvolvimento do bem comum.

A linha divisória entre o comercial e o social

Vale aqui distinguir alguns conceitos, para não se misturarem na ação social da empresa. Esta, enquanto agente do segundo setor ou mercado, utiliza-se naturalmente de práticas comerciais como *marketing, promoção, publicidade*, que são meios que lhe permitem aumentar suas vendas e fixar sua imagem. Os custos dessas atividades obviamente são incorporados ao preço dos produtos ou serviços prestados, que são pagos pelo cliente. São, portanto, essencialmente *mecanismos comerciais com objetivos econômicos.*

Ao passo que os recursos mobilizados para causas sociais, a serviço do bem comum (área de atuação do chamado Terceiro Setor), devem proceder da livre determinação do acionista, de seu compromisso com a sociedade e não devem compor os custos dos produtos. Possuem, portanto, *objetivos sociais* e devem, por lógica, utilizar-se de *instrumentos sociais.*

O Código de Ética do GIFE (Grupo de Institutos, Fundações e Empresas) assinala:

> As práticas de desenvolvimento social são de natureza distinta e não devem ser confundidas nem usadas como ferramentas de comercialização de bens tangíveis e intangíveis (fins lucrativos) por parte da empresa mantenedora, como são, por exemplo, marketing, promoção de vendas ou patrocínio, nem devem ser confundidas com políticas e procedimentos de recursos humanos, que objetivam o desenvolvimento e o bem-estar da própria força de trabalho, portanto, no interesse da empresa.

Essas distinções fornecem critérios que permitem avaliar a real motivação de certas iniciativas empresariais no campo social, em que, por falha de criticismo sobre esses conceitos, geram-se campanhas ou projetos híbridos que podem ser batizados de "marqueteiros". Parte-se de uma boa causa, selecionada por seu apelo sobre as pessoas. Porém, seu mecanismo indisfarçadamente comercial chega a resvalar para uma espécie de chantagem emocional. Por lógica, essa prática significaria o uso do social, do bem comum com objetivos econômicos, de interesse particular, justamente na contramão do que define a Missão do GIFE: "Melhorar e difundir conceitos e práticas do uso de recursos privados em benefício do bem comum".

Advogo a distinção desses conceitos e práticas não meramente por razões morais, o que também pesa, mas sobretudo por inspiração estratégica. A razão é muito simples. Quando uma campanha ou mensagem comercial se insinua num contexto de pura solidariedade, a porção crítica da população a percebe como um estranho no ninho, com produção de *efeitos colaterais* indesejáveis, como possíveis sentimentos de rejeição, realimentando o pré-conceito de que todo o empresário (o vilão dos filmes) só pensa em ganhar dinheiro, até quando se dispõe a doá-lo. Na esteira dessa confusão de conceitos e práticas, as causas sociais tendem a se transformar em um "atraente mercado". Já ouvi cunhada a expressão "marketing social" como subdivisão de um *curriculum* de marketing, designando essa "nova fronteira de negócios".

Mas, afinal, as empresas devem agir, na área social, de modo absolutamente desinteressado? Não é justo que elas esperem algum retorno de sua ação filantrópica, quando até os santos faziam o bem em troca do céu?

Ganhos com a prática da cidadania empresarial

Um programa transparente, independente e ético, formulado em sintonia com alguma prioridade social, gera subprodutos e acaba por trazer à empresa promotora ganhos substanciais que podem ser assim resumidos:

- *Valor agregado à imagem da empresa.* Valor agregado aqui significa a atitude favorável que a sociedade atribui a uma organização, como reconhecimento por sua atuação na comunidade. Atitude é o mesmo que predisposição e possui uma forte conotação afetiva, emocional, o que, segundo os especialistas em pesquisa motivacional, constitui a base que influencia comportamentos de fidelidade a produtos e marcas. E, segundo Al Ries, a batalha do marketing não é travada no ambiente feérico de um shopping center, mas em um local pequeno, escuro e úmido: o cérebro humano. Aqui reside seguramente o maior benefício que a empresa-cidadã pode auferir de seu programa de desenvolvimento social. Isto acontece porque a empresa transcendeu o interesse apenas pelo seu consumidor para entrar em sintonia com as necessidades da própria sociedade.
- *Nova fonte de motivação e escola de liderança para os funcionários.* Mais do que suposição, a experiência e o testemunho de voluntários asseguram que a atuação no Terceiro Setor tem aberto um campo para crescimento pessoal e criatividade muito mais rico que o permitido pelo quase engessamento do *job description.* Estimuladas em seu papel de cidadãs e engajadas em programas consistentes, as pessoas apresentam um rendimento pessoal surpreendente, com reflexos favoráveis para outros papéis, como o profissional, familiar e pessoal. O Terceiro Setor deverá representar um fértil celeiro de lideranças, tanto para a iniciativa privada, quanto para a esfera governamental, como pensa Charles Handy.
- *Consciência coletiva interna* de estar participando no encaminhamento de soluções de causas sociais, com reflexos na consolidação de valores de solidariedade e aproximação da hierarquia, raiz natural do espírito de equipe.
- *Mobilização de recursos disponíveis da empresa*, sem necessariamente implicar custos adicionais.

Parceria com as organizações sociais

A sociedade civil se organiza principalmente através de instituições ou entidades sem fins lucrativos, cujo objetivo é a *transformação do ser humano*, segundo Peter Drucker.

Escolas, creches, hospitais, escoteiros, grupos de proteção ao meio ambiente, todos se agrupam por áreas temáticas em promoção humana, meio ambiente, cultura, saúde, educação. Entretanto, apesar de perseguirem objetivos específicos e lidarem com públicos-alvo próprios, possuem um denominador comum: o próprio *bem comum*.

As chamadas ONGs, formais ou informais, podem ser vistas como verdadeiras organizações sociais, semelhantes às empresas, pois detêm muitos de seus componentes: clientes, gerenciamento, recursos materiais, financeiros, técnicos e humanos.

Cada um desses componentes pode ser apreciado estrategicamente em relação a sua contribuição para o alcance dos objetivos, isto é, nem todos tem o mesmo impacto nos resultados da entidade. Assim, em uma escola, o nível da direção, dos recursos humanos e técnicos sem dúvida alguma influi muito mais na qualidade da educação prestada do que as condições materiais, apesar de estas serem também necessárias.

Tem havido muita distorção quanto a prioridades, tanto na esfera particular quanto na pública. Pelas carências de um país em desenvolvimento mas principalmente em função da maior visibilidade, há uma hipertrofia na demanda de recursos materiais: construção, equipamentos, *hardware*, sobre os intangíveis como informações, capacitação, gerenciamento. Saint-Exupéry, no entanto, dizia que "muitas vezes o essencial é invisível". O que se espera da vivência empresarial é uma contribuição para um diagnóstico e busca de um consenso sobre prioridades estratégicas. Isso requer dos parceiros uma verdadeira reengenharia de percepções e linhas de ação. Mas, para se chegar a discutir e definir prioridades, mudanças devem ocorrer na própria natureza das relações entre as partes.

Relação assistencialista versus parceria

A relação entre benfeitor e beneficiário, quer sejam pessoas físicas ou jurídicas, tem, ao longo da história, assumido um *caráter paternalista, assistencialista*: os dois lados pouco se conhecem; o primeiro doa algo ao segundo, definido por ele mesmo, sem qualquer referência às prioridades do outro. A relação daí decorrente pouco traz de benefício permanente ao parceiro, mantendo-o em dependência crônica, quando não há manipulação intencional de um sobre o outro.

De outro lado, uma vez estabelecidos os conceitos de empresa-cidadã como uma central de recursos e a organização social com suas diferentes necessidades, abre-se um enorme cardápio de possibilidades de intercâmbio. Há espaço para todas as contribuições, desde uma simples ajuda pontual até uma contribuição mais profunda e transformadora.

A oscilação entre esses dois pólos vai depender muito das pessoas envolvidas em ambos lados — seu grau de compreensão da organização como um todo, suas habilidades e conhecimentos, sua abertura a mudanças. Daí a necessidade constante de os voluntários e os dirigentes se capacitarem para encaminhar as ações para um plano mais profundo de mudanças. E a melhor maneira de crescer é na ação refletida, avaliada e replanejada em conjunto.

Uma diretora de escola pública, no Morro do Papagaio, em Belo Horizonte, Vera Pinho, conclamou em um seminário:

> Os empresários acham que só precisamos de dinheiro; nós precisamos de capacitação profissional e envolvimento da empresa num apadrinhamento que nos permita voar mais alto. O respaldo de todos é fundamental para criarmos projetos mais ousados.

De quantas Veras Pinho o Brasil precisa e de quantas empresas com sensibilidade para entender e atender seu apelo!

A atuação da empresa-cidadã amplia e completa seu papel de agente econômico e a transforma em agente social por disponibilizar, adaptando, os mesmos recursos usados no seu negócio, para transformar a sociedade e desenvolver o sentido do bem comum.

Referências bibliográficas

HESSELBEIN, Frances *et al. O Líder do Futuro.* Fundação Peter Drucker.

DRUCKER, Peter F. *Administração de Organizações Sem Fins Lucrativos.* Pioneira, 1995

RIES, Al & TROUT, Jack. *Marketing de Guerra II.* McGraw-Hill.

KELLEY, Daniel Q. *Dinheiro Para Sua Causa.* Textonovo, 1994.

ESTRATÉGIAS PARA O FORTALECIMENTO DO TERCEIRO SETOR

Lester Salamon*

* Diretor do Johns Hopkins Institute for Policy Studies. Foi diretor do Center for Governance and Management Research no Urban Institute em Washington. Autor de vários livros sobre o Terceiro Setor, é formado em economia e política pela Princeton University e Ph.D. em administração pela Harvard University.

Sinto-me profundamente honrado em lhes falar hoje nesta Terceira Conferência Ibero-Americana sobre o Terceiro Setor.

Faço-o com muita humildade, mas um pouco hesitante, pois sei que neste auditório há muita gente mais qualificada para discorrer sobre filantropia e atividades sem fins lucrativos na região ibero-americana. Essas pessoas atuam com verdadeira paixão e eloqüência — como Miguel Darcy, Leilah Landim e Rubem César Fernandes, do Brasil; Manuel Arango, do México; Bernardo Toro e Leonor Esguerra Portocarrero, da Colômbia; Andrés Thompson, da Argentina, e muitas outras a quem não tive ainda o privilégio de conhecer.

Afora isso, tenho certeza de que muitos dos presentes, como eu, gostariam de ouvir aqui Carlos Fuentes, ilustre romancista e homem do Sul que consegue expressar-se com funda emoção na língua local.

Embora algumas pessoas me acusem de também escrever ficção, quem aqui está na verdade é um cientista social, um norte-americano que vai falar num idioma pouco afamado pela paixão ou sentimento.

Em última análise, porém, é melhor que esta conferência inicie assim o segundo dia deste encontro, pois o que aqui nos liga é menos uma questão de formação que de convicção, menos de nacionalidade que de apreciação comum de um direito de nascença que todos os seres humanos devem compartilhar, independentemente da língua em que o expressam.

Lembro-me, a propósito, de uns versos do grande poeta catalão Salvador Espriu, que para mim transmitem à maravilha o espírito que hoje nos reúne aqui:

Muitos são os povos, muitas suas línguas,
Muitos os nomes para um só amor.

Esse amor único que ora nos liga não é a Catalunha natal de Espriu, mas outro subcontinente na paisagem social do mundo, um subcontinente que talvez, como a Catalunha, tenha permanecido invisível e mal cartografado até hoje.

Estou falando, é claro, da vasta coleção de instituições e relações que existem entre o mercado e o Estado, para as quais também temos diversos nomes: Terceiro Setor, setor sem fins lucrativos, setor da sociedade civil, setor voluntário, setor social-econômico, setor ONG, setor de caridade etc.

Trata-se de um setor variado e complexo que engloba grandes universidades e pequenas entidades filantrópicas, cantinas de distribuição de sopa aos sem-teto e respeitáveis instituições culturais, organizações de direitos humanos e associações profissionais, entre muitas outras.

Reunimo-nos aqui num momento especial da história desse conjunto de instituições. Como já sustentei em outra ocasião, parece que assistimos a uma grande efervescência no Terceiro Setor pelo mundo afora, a uma gigantesca promoção de atividade organizada, privada e voluntária em todos os quadrantes da Terra. Nos países desenvolvidos da Europa e América do Norte, na ex-União Soviética e nas amplidões da Ásia, África e América Latina, as pessoas estão ganhando ou reafirmando sua confiança na capacidade de as organizações voluntárias auxiliarem os idosos, promoverem serviços de saúde, apoiarem movimentos populares, defenderem os direitos humanos, protegerem o meio ambiente, educarem crianças talentosas e perseguirem muitos outros objetivos semelhantes.

Quero crer que o fato de isso estar acontecendo, e acontecendo agora, não seja acidental. Reflete uma confluência inusitada de desenvolvimentos históricos ocorridos, pelo menos, nas duas últimas décadas: a generalizada perda de confiança na capacidade de o Estado, por si só, gerar o bem-estar social, fomentar o progresso econômico, resguardar o meio ambiente; numa palavra, melhorar a qualidade de vida. Junte-se a isso a extraordinária revolução no setor das comunicações, que abriu novas oportunidades para a auto-organização civil, e ainda o crescimento simultâneo em todo o mundo, inclusive nesta região, do número de cidadãos de classe média dotados de habilidades e motivados para aproveitar essas oportunidades com vistas a criar novos veículos de ação social.

O resultado é uma verdadeira "revolução associacional global", a multiplicação da atividade organizada, privada e voluntária que, segundo acredito, poderá revelar-se um aspecto tão importante do final do século XX quanto o advento do Estado-nação o foi do final do século XIX.

Essas, as boas notícias.

A má notícia: um desfecho assim tão alvissareiro ainda não está, nem de longe, assegurado. Em que pese seu recente dinamismo e crescimento, o Terceiro Setor permanece um ecossistema frágil, vulnerável às ameaças externas, incerto quanto às suas fontes de apoio, imperfeitamente firmado e legitimado — e, por ironia, não raro ameaçado pelos seus próprios sucessos. E isso se aplica com mais propriedade aos países aqui representados. Enquanto nos reunimos, o futuro do Terceiro Setor na região pende na balança. Conforme uma análise recente, "a luta pela sociedade civil na América Latina entra agora na fase decisiva".[1]

Como nos prepararmos para essa "fase decisiva" e ter certeza de que tudo será como desejamos?

Eis a questão que, no momento, desejo suscitar.

Para tanto, creio que devemos começar por uma clara compreensão daquilo que o Terceiro Setor é e daquilo que ele não é. Partindo daí, poderemos depois examinar os desafios principais que esse conjunto de instituições ora enfrenta, no mundo e nesta região em especial. Eis aí, então, as duas tarefas que me impus no tempo de que disponho esta manhã.

As três faces do Terceiro Setor

Um bom começo para a presente discussão é constatar que, ao contrário de Jano, o Terceiro Setor não tem duas faces, mas três. Se insistirmos apenas numa delas, correremos sempre o risco de escamotear a realidade que tentamos proteger ou as ameaças com que ela tem de defrontar-se.

O Terceiro Setor como idéia

A primeira face do Terceiro Setor é aquela que os povos desta região, com sua paixão pelo debate teórico, provavelmente mais conhecem. Trata-se do Terceiro Setor como *idéia*, como conceito e ideal.

Essa é a dimensão crucial do Terceiro Setor, aquela que atrai a maioria de nós para o seu campo. Desse ponto de vista, o Terceiro Setor é importante não apenas porque fornece alguns serviços ou responde a alguma necessidade material. Outros setores podem fazer o mesmo, talvez não tão bem ou para as mesmas populações, mas com funções parecidas.

O que singulariza o Terceiro Setor é o fato de encarnar certos valores que nos são caros. "As fontes de inspiração podem ser espirituais, religiosas, morais ou políticas", escreveram há pouco, no *Civicus World Report*, o brasileiro Miguel Darcy e o indiano Rajesh Tandon. "A tendência comum, entretanto, será encontrada no reino dos valores."[2]

Mas quais os valores que o Terceiro Setor encarna?

Eles são múltiplos, decerto: incluem altruísmo, compaixão, sensibilidade para com os necessitados e compromisso com o direito de livre expressão. Contudo, subjacentes a tudo isso há duas idéias fundamentais. A primeira é a da *iniciativa individual*, em particular a *iniciativa individual em prol do bem público*, a idéia de que os seres humanos têm a capacidade e a obrigação de *agir por autoridade própria* a fim de melhorar suas vidas e as dos outros, assumindo as rédeas para fomentar o bem-estar geral.

Isso torna o direito de montar organizações de Terceiro Setor um *direito humano básico*, tão básico quanto o direito de livre expressão. Efetivamente, numa era organizacional como a nossa, em que a expressão individual conta pouco, quando os indivíduos deixam de falar em uníssono, o direito de associação revela-se um corolário necessário do direito de livre expressão.

Acima do valor da iniciativa individual para o bem público, no entanto, ergue-se o valor da *solidariedade*, a idéia de que as pessoas têm obrigações em relação não apenas a si próprias mas também ao próximo e às sociedades maiores de que são parte. Eis o que torna a ação organizada e voluntária ainda mais importante que a individual.

Pode-se, pois, dizer que o Terceiro Setor é, em primeiro lugar, um conjunto de instituições que encarnam os *valores da solidariedade e os valores da iniciativa individual em prol do bem público.* Isso não significa que tais valores não sejam evidentes também em outros domínios, mas sim que no Terceiro Setor eles alcançam a plenitude.

O Terceiro Setor como realidade

O domínio dos valores e idéias, porém, representa apenas uma das faces do Terceiro Setor. É que este se constitui também numa rede de instituições sociais concretas que encarnam tais valores em maior ou menor grau. Assim, para além do Terceiro Setor como *idéia*, há o Terceiro Setor como *realidade*.

Curiosamente, essa face do Terceiro Setor tem permanecido oculta.

Uma das razões disso é empírica: os sistemas de dados básicos usados para desenvolver informação sobre a estrutura e a composição de nossas sociedades costumam subestimar o Terceiro Setor. Sem dúvida, é o caso do UN System of National Accounts, o sistema preferencial adotado para estabelecer a renda nacional no mundo todo, o qual define o Terceiro Setor de um modo que quase chega a anulá-lo e livra os governos da tarefa de levá-lo em consideração.[3]

Entretanto, por trás desse problema empírico há outro ainda mais sério, de natureza *conceptual*. A diversidade do setor é tão assombrosa, que nos induz a passar por alto as consideráveis similitudes que também existem nele. As pessoas ocupadas com o desenvolvimento não querem ser confundidas com as que se devotam à mera assistência. Associações civis que lutam por direitos humanos não se identificam com entidades religiosas ou corporações profissionais. *Carecendo de um conceito unificador, o todo vem a parecer menor que as partes constituintes.* O resultado é que o Terceiro Setor tem permanecido estranhamente invisível como realidade, ainda que chame cada vez mais a atenção como idéia.

Minhas concepções sobre esse dilema devem muito à poética de Salvador Espriu, que adverte contra o risco de permitir que a diversidade feche os nossos olhos para os traços comuns que uma realidade social deve representar, para o fato de que, a despeito de seus "muitos nomes", tais realidades ainda representam "um só amor".

Seja como for, esse é o espírito que eu e alguns colegas de boa vontade adotamos em nossa expedição pioneira ao subcontinente invisível do Terceiro Setor, por intermédio daquilo que chamamos de Projeto Comparativo do setor sem fins lucrativos da Universidade Johns Hopkins.

O que descobrimos foi espantoso.

Enfocando organizações:

- que não integram o aparelho governamental;
- que *não distribuem lucros* a acionistas ou investidores, nem *têm tal finalidade*;
- que se *autogerenciam* e gozam de alto grau de autonomia interna; e
- que envolvem *um nível significativo de participação voluntária*, deparamos com algumas verdades intrigantes sobre o Terceiro Setor. Em especial, nos sete países onde pudemos compilar dados estatísticos completos durante a primeira rodada do trabalho (Estados Unidos, Reino

Unido, França, Alemanha, Itália, Hungria e Japão),[4] concluímos:

1. *Em primeiríssimo lugar, que o Terceiro Setor constitui uma grande força econômica.*

Possuía um total de cerca de 12 milhões de empregados com pagamento equivalente a tempo integral em 1990, mais 5 milhões de voluntários. Isso significa que um em cada vinte empregados e um em cada dez prestadores de serviços estão lotados no setor sem fins lucrativos naqueles países.

De fato, se fôssemos somar todos os trabalhadores de tempo integral no setor sem fins lucrativos, nesses oito países, e compará-los ao nível de emprego nas maiores empresas privadas de cada um deles (General Motors nos Estados Unidos, Daimler-Benz na Alemanha, Hitachi no Japão, por exemplo), o emprego sem fins lucrativos superaria o regular numa proporção de seis para um: 12 milhões de empregados no primeiro caso contra 2 milhões naquelas grandes empresas privadas.

Também em termos de gastos o setor sem fins lucrativos impressiona. Alcançou, em 1990, mais de US$ 600 bilhões, o que significa que nesses oito países é 20% superior ao PNB da Espanha e 10% superior ao PNB do Canadá.

2. *Esse resultado não implica, ademais, a presença do Terceiro Setor em apenas um país. Embora os Estados Unidos encabecem a lista em termos de escala do emprego no setor sem fins lucrativos, outros países não ficam atrás.*

Assim, em comparação com os 6,8% do emprego total nos Estados Unidos, o setor sem fins lucrativos representa nada menos que 4% na França, Alemanha e Reino Unido. Em termos absolutos, o Japão possui o segundo maior setor sem fins lucrativos do mundo. Se incluirmos o emprego voluntário e não apenas o remunerado, a Suécia, exemplo clássico de vocação social, supera todos os outros países europeus.

Em termos de serviços, igualmente, o setor sem fins lucrativos é uma presença significativa e constante, responsável por:

- três em cada quatro matrículas universitárias no Japão;
- mais da metade dos serviços de residência em clínicas particulares na França;
- metade dos leitos hospitalares nos Estados Unidos;
- um terço dos serviços de assistência diária na Alemanha.

Embora o Terceiro Setor esteja presente em diversos lugares, é óbvio que essa presença não é uniforme. O fato sugere que o Terceiro Setor exige aquilo que um autor chamou de "amarras sociais", isto é, circunstâncias sociais, econômicas e políticas favoráveis. Com efeito, em seu recente estudo da Itália, o professor Robert Putnam concluiu que essas amarras são profundas, datadas de séculos.[5]

Apesar de isso não nos dever induzir ao pessimismo quanto às perspectivas do Terceiro Setor, como sucedeu a alguns depois da leitura do professor Putnam, convém que sirva de advertência contra as esperanças românticas de que tais instituições irão fatalmente florescer por toda parte, sem se atentar para as condições que seu desenvolvimento exige.

3. *O terceiro achado de nossa pesquisa foi que, mesmo quando parece idêntico no todo, o Terceiro Setor pode apresentar diferenças significativas de composição. De fato, percebem-se variações notórias não apenas na escala geral do setor sem fins lucrativos, de um lugar para outro, mas também nos tipos de organizações responsáveis por essas variações. Assim:*

- a educação, sobretudo de nível superior, é o componente dominante do Terceiro Setor no Japão e no Reino Unido;
- em contrapartida, a saúde é o componente dominante na Alemanha e nos Estados Unidos;
- na França e na Itália observa-se outro padrão, com as instituições do Terceiro Setor empenhadas ativamente, de preferência, nos serviços sociais e na educação primária e secundária;
- isso sugere que as "amarras sociais" do Terceiro Setor podem diferir consideravelmente de subsetor para subsetor.

4. *Finalmente, nossa viagem exploratória ao Terceiro Setor como realidade deixou claro que a emergência de suas instituições não depende necessariamente da presença de numerosos indivíduos ricos desejosos de fazer caridade.*

No todo, as doações caritativas estão longe de representar a fonte principal de apoio ao Terceiro Setor nos sete países examinados. Não é sequer a segunda. A fonte principal de apoio são as taxas e os encargos sobre serviços, que representam 47% da renda nesses sete países. A segunda mais importante fonte de apoio é o governo, que entra com 43%. As doações de particulares, ao contrário, não passam de 10%.

Ademais, esse padrão existe em quase todos os países e em quase todos os campos. Somente em dois países as taxas não estão em primeiro lugar, e ali o governo — não a filantropia privada — é que as substitui.

Essas são, é claro, apenas algumas das descobertas que fizemos durante a primeira viagem exploratória. Outras se acham disponíveis numa obra que publicamos há um ano, intitulada *The Emerging Sector* [O Setor Emergente], e numa nova série de livros sobre o tema que, para meu orgulho, a Manchester University Press, no Reino Unido, e a St. Martin's Press, nos Estados Unidos, já começam a lançar.

O ponto central, no entanto, deve ficar claro: o Terceiro Setor não apenas encarna certos valores que nos são caros como também constitui um conjunto de instituições concretas que representam uma força econômica mais formidável do que se costuma reconhecer. Ele contribui em grande medida para a provisão de importantes serviços humanos e busca apoio em fontes surpreendentemente variadas.

O Terceiro Setor como ideologia

Por falta de informação consistente, no entanto, essa segunda face do Terceiro Setor permaneceu durante muito tempo invisível, permitindo que a terceira face tomasse seu lugar e chamasse todas as atenções. A terceira face é o *Terceiro Setor como ideologia.*

Por acaso ou de propósito, o Terceiro Setor passou a ser utilizado como oportuna cortina de fumaça para uma série de preocupações políticas e ideológicas conflitantes, que pouco têm a ver com a realidade ou a idéia do Terceiro Setor. No processo, o Terceiro Setor como mitologia e ideologia substituiu facilmente o Terceiro Setor como "realidade" ou "idéia" na mente de muitas pessoas. Convém mencionar aqui quatro desses mitos:

O primeiro é o *mito da insignificância ou incompetência*, a noção de que as organizações do Terceiro Setor são, na melhor das hipóteses, bisonhas operações amadorísticas com pouco estofo para um impacto sustentado sobre os problemas cruciais que suas sociedades enfrentam; e, na pior, agitadores irresponsáveis interessados apenas em apresentar exigências absurdas a fim de solapar a autoridade governamental legítima.

Esse mito tem sido alimentado, em caráter defensivo, por autoridades do governo e aqueles que elas representam, visando desacreditar iniciativas sem fins lucrativos e defender o monopólio estatal da solução dos problemas públicos. Constitui vigorosa corrente subterrânea de opinião mesmo nos países em que as organizações sem fins lucrativos representam importante força social, mas onde se luta continuamente para garantir a ingerência governamental na solução de problemas. Assim, ele favorece os interesses políticos tanto da direita quanto da esquerda.

O segundo mito em torno do setor é o *mito do voluntarismo*, a noção de que as organizações sem fins lucrativos devem apoiar-se unicamente na ação voluntária não-remunerada e na caridade privada, pois essas formas de ação seriam mais puras e mais eficientes para a solução dos problemas sociais do que a participação do Estado.

Também esse mito encontrou defensores de ambos os lados do espectro político. Os direitistas empregaram-no para justificar a oposição ao aumento dos gastos governamentais com o bem-estar social, alegando que esse aumento desestimulava a atuação voluntária e a formação de grupos de voluntários. Os esquerdistas lançaram mão dele para resistir ao envolvimento das organizações sem fins lucrativos com o Estado, afirmando que tal envolvimento rouba-lhes a independência e sujeita-as a definições "profissionais" de problemas que as afastam daqueles que deveriam resolver.

O terceiro é o *mito da virtude pura*, a noção de que as organizações voluntárias são por natureza instrumentos com propósitos essencialmente públicos, responsáveis pelas camadas necessitadas e obedientes a normas democráticas.

Essa noção tem prevalecido entre os defensores do Terceiro Setor, que elevaram suas instituições a um *status* mítico a fim de dramatizar as diferenças entre elas e o Estado.

Mas tem sido igualmente popular entre elementos de direita que a utilizam para justificar a confiança nas instituições privadas e desestimular a criação de sólidos sistemas de amparo social de bases estatais.

Finalmente, o quarto mito em torno do setor sem fins lucrativos é o *mito da imaculada conceição*, a noção de que a filantropia e o voluntariado constituem fenômenos novos em quase todo o mundo e de que a construção de um setor social civil pode, em conseqüência, ocorrer em solo virgem e copiar livremente modelos de fora.

Sem dúvida, todos esses mitos contêm uma parcela de verdade:

- as organizações sem fins lucrativos *tiveram* problemas de eficiência e crescimento;
- a filantropia privada e o voluntariado *são* importantes para a saúde e a independência desse setor;
- as organizações sem fins lucrativos com freqüência *encarnam* ideais de solicitude e democracia;
- tradições de filantropia e cooperação *se desgastaram* em muitos cenários.

Contudo, por falta de informação consistente, esses laivos de verdade tornaram-se pedras incômodas em nossos sapatos, agigantando-se desproporcionalmente para servir a objetivos puramente ideológicos. No processo, aspectos-chave do Terceiro Setor sofreram graves distorções.

1. Tomemos, por exemplo, o *mito da incompetência do Terceiro Setor.*

Como vimos, a despeito de parecer um elemento insignificante na paisagem social de diversos países, o setor sem fins lucrativos revela-se como importante força econômica em várias partes do mundo, com gastos e níveis de atividade maiores do que se supõe. Longe de serem ineficientes, essas organizações mostram habilidades especiais em seu trabalho. Por sua escala geralmente modesta e sua flexibilidade, elas conseguem responder com certa agilidade às necessidades e prestar serviços em escala humana. Por sua relativa independência, estão aptas a defender causas impopulares ou enfrentar questões mal compreendidas. Têm confiabilidade e vínculos com grupos e comunidades locais.

Tais qualidades habilitam as organizações sem fins lucrativos a contribuir de modo *diferencial* para nossa vida social e os processos de desenvolvimento. São especialmente equipadas para:

- mobilizar as energias populares;
- identificar novos problemas e trazê-los a público;
- mobilizar recursos humanos e financeiros paralisados;
- promover mudanças;
- formar novos líderes;
- contribuir para legitimar e garantir o apoio popular às políticas exigidas e, dessa forma, implementá-las.[6]

Afora sua atuação em áreas específicas — saúde, educação ou desenvolvimento —, fica cada vez mais claro que o Terceiro Setor tem impacto ainda mais decisivo nas perspectivas da democracia e do progresso. Deve-se isso à contribuição ímpar que o setor dá para a construção daquilo que o sociólogo James Coleman chamou de "capital social", isto é, as normas de confiança e reciprocidade graças às quais as sociedades funcionam eficientemente.[7]

Pelo menos desde a época de Tocqueville, no começo do século XIX, sabemos quão importante é confiar na democracia e até que ponto as associações voluntárias contribuem decisivamente para preservá-la. "Recrutam-se sentimentos e opiniões, abre-se o coração e desenvolve-se o espírito humano", escreve ele em *A Democracia na América*, "apenas pela influência recíproca das pessoas[...] E isso só se pode conseguir com as associações".[8]

Em anos recentes, tornou-se óbvio que tais normas e hábitos são vitais não apenas para a democracia mas também para o desenvolvimento econômico. Sem a confiança, os contratos são impossíveis; e sem os contratos, a atividade econômica se estiola. Eis por que o economista Kenneth Arrow, laureado com o Prêmio Nobel, concluía há mais de 25 anos: "Grande parte do atraso econômico no mundo pode ser explicado pela falta de confiança mútua".[9]

A ser assim, então o desenvolvimento econômico depende criticamente da emergência de instituições sociais civis. Essa é, aliás, a conclusão que se pode extrair do recente estudo sobre a Itália feito pelo cientista político de Harvard, Robert Putnam, que mostrou que a principal razão do superior desempenho econômico da parte central daquele país, nas décadas de 1980 e 1990, parecem ser as tradições de associação voluntária e envolvimento cívico enraizadas há séculos na região.[10] É de crer que a economia não determina a vida cívica, mas que a existência ou não de atividade cívica, particularmente organizações de Terceiro Setor, determina as perspectivas de progresso econômico. "As possibilidades de desenvolvimento socioeconômico na região, durante este século", descobriu Putnam, "dependeram menos de sua vocação socioeconômica inicial do que de sua vocação cívica", sobretudo no que diz respeito às instituições de Terceiro Setor.

Assim, longe de ser ineficiente, o Terceiro Setor, ao criar capital social, parece mais decisivo para o progresso econômico, quando não para a democracia, que o capital humano ou o capital físico. Talvez represente, pois, o melhor investimento que um país possa fazer.

2. Diga-se o mesmo do *mito do voluntarismo*, a idéia de que existe um conflito natural entre setor sem fins lucrativos e Estado, sendo a doação privada e a ação voluntária as únicas fontes válidas de apoio ao Terceiro Setor.

Como vimos, essa idéia encontra pouca base na evidência do desenvolvimento do Terceiro Setor pelo mundo afora.

Mesmo nos Estados Unidos, país onde, segundo se crê, mais evoluíram as tradições de filantropia e ação voluntária, apenas 18% da renda das organizações sem fins lucrativos provêm das fontes privadas como um todo: indivíduos, fundações e empresas. Em contrapartida, o apoio governamental é quase duas vezes maior, representando mais de 30% das entradas.

Em outros lugares o quadro se mostra ainda mais significativo. Na Alemanha e na França, o Estado chega a contribuir com uma porcentagem superior a 60%! E isso não é fenômeno recente.

Até nos Estados Unidos, a suposta "idade de ouro" da ação puramente privada, que vem constituindo a base ideológica para barrar o apoio governamental ao setor sem fins lucrativos, revelou-se difícil de localizar aos olhos dos estudiosos. De fato, a colaboração, e não o conflito ou a competição, é que tem sido o aspecto característico do relacionamento entre o setor sem fins lucrativos e o governo ao longo de quase toda a história americana.

- a primeira corporação sem fins lucrativos dos Estados Unidos, o Harvard College, foi criada por um ato da Comunidade de Massachusetts em meados do século XVII, beneficiando-se de um imposto especial sobre cereais levantado precipuamente para sua manutenção;
- o governador e diversos membros da assembléia de Connecticut integravam o conselho do Yale College até meados do século XIX;
- dois terços da verba governamental empregada na assistência aos pobres de Nova York, durante a década de 1890, iam para grupos privados de ação voluntária;
- embora essas relações possam ter-se ampliado em alcance e escala nas décadas de 1960 e 1970, elas não são novas; com efeito, desenvolvemos um vasto sistema daquilo que denominei "governo do terceiro partido", no qual o governo recorre a outras instituições sociais, inclusive grupos sem fins lucrativos, para prestar os serviços por ele financiados.[11]

Todas essas práticas estão disseminadas por outras partes, em escala igual ou maior, conforme depreendemos:

- da política alemã de subsídios;
- da prática holandesa da polarização; e
- da recente descentralização dos serviços de bem-estar social na França, envolvendo inclusive contratos com prestadores de serviços do Terceiro Setor.[12]

Longe de alimentarem um conflito natural, sistemas de *interdependência* entre o Terceiro Setor e o Estado difundiram-se por várias áreas do globo, com a comunidade empresarial envolvendo-se cada vez mais à medida que se reconhecia que nenhum setor isolado pode resolver os graves problemas econômicos e sociais de nossas sociedades.

Apesar de isso suscitar a ameaça de perda de independência, a chave para evitar tal ameaça parece consistir, não na recusa do apoio governamental, mas em garantir outras fontes de financiamento.

3. Também os outros dois mitos — o *da pura virtude* e o *da imaculada conceição* — não resistem ao confronto direto com os fatos.

Relativamente ao primeiro, torna-se cada vez mais claro que as organizações do Terceiro Setor, em que pese toda a sua flexibilidade, nem por isso deixam de ser organizações, vulneráveis portanto às mesmas limitações que afligem outras instituições burocráticas: falta de receptividade, morosidade, rotina. Além disso, as organizações sem fins lucrativos não estão imunes a procedimentos internos antidemocráticos, controle hierárquico e, não raro, até *patologias* entranhadas que resultam do mau uso da organização para fins de ganho pessoal — problema que tem surgido em diversos lugares nos últimos anos.

No que toca ao último mito, o da *imaculada conceição*, o fato é que as instituições do Terceiro Setor não são uma invenção americana, como muitos presumem. Nem constituem fenômeno novo na maior parte do mundo. Tradições de caridade e altruísmo acham-se presentes em quase todas as sociedades, e o mesmo se dá com os veículos institucionais para sua expressão.

Um dos grandes desafios da promoção do Terceiro Setor, portanto, não é criar estruturas sociais inteiramente novas, mas aplicar novas formas de associação às estruturas tradicionais da vida comunitária, passar dos esquemas clientelistas e paternalistas de interação para outros que realmente tenham poder e capacidade.

Na melhor das circunstâncias, as velhas estruturas podem ser adaptadas e melhoradas. Em uns poucos casos, porém, o melhor é ignorá-las. Na prática, isso significa que o desenvolvimento do Terceiro Setor, quando ocorre, não se reveste do mesmo perfil em toda parte: tem de adequar-se às tradições sociais, econômicas e culturais preexistentes.

Desafios para o futuro

Portanto, o Terceiro Setor é a um só tempo:

- um conjunto de valores que privilegia a iniciativa individual, a autoexpressão, a solidariedade e a ajuda mútua;

- um conjunto de instituições que já representa uma força econômica bem mais considerável do que em geral se supõe, tanto nos países industrializados quanto, cada vez mais, nos países em desenvolvimento, o que parece necessário para o pleno florescimento da democracia e muito útil para o fomento do progresso econômico; e
- o alvo de toda uma variedade de mitos disfuncionais, distorções ideológicas e interpretações errôneas que ameaçam seu processo e limitam o papel que pode desempenhar.

Diante disso, como ter certeza de que o Terceiro Setor como realidade pode desempenhar o papel social para o qual, segundo parece, está particularmente bem equipado?

Que fazer para transformar os promissores começos que o moderno Terceiro Setor está mostrando, tanto na região ibero-americana quanto no resto do mundo, numa força permanente e sustentada, com vistas à melhoria das condições humanas? A resposta a essas perguntas depende da solução que dermos a *quatro desafios críticos* que, a meu ver, rondam o Terceiro Setor no mundo de hoje, e certamente nesta região.

O desafio da legitimidade

Apesar da crescente importância do Terceiro Setor em diversos países e da tendência cada vez maior dos governos de transferir-lhe atribuições, sua posição é bastante ambígua. A tal ponto prevalece o modelo bissetorial de vida social, que reconhece apenas a existência do mercado e do Estado, do âmbito público e do âmbito privado, que em muitos países a existência, para não falar em sua escala e dimensões, de um "Terceiro Setor" bem definido, contendo organizações privadas sem fins lucrativos, permanece amplamente oculta. As organizações desse setor surgem, pois, segmentadas na consciência das pessoas, obliterando sua influência e desempenho.

Mesmo nos Estados Unidos, onde o conceito de um setor sem fins lucrativos foi pelo menos reconhecido por algum tempo, praticamente não havia informações básicas sobre ele até o começo da década de 1980. Ainda hoje o setor não é considerado explicitamente no quadro da renda nacional, percebendo-se apenas de modo vago seu verdadeiro caráter e papel.

Em outros países, o nível de informação disponível sobre o setor é ainda mais baixo. Ele é sistematicamente ignorado nas estatísticas econômicas nacionais, poucas vezes mencionado nos debates políticos, subestimado na imprensa e na educação pública e uma lacuna na pesquisa acadêmica. A contribuir para a falta de consciência a respeito do Terceiro Setor, e por seu turno como resultado disso, temos o *limbo legal* dentro do qual tais organizações operam em muitas partes do mundo. Uma clara visão legal da natureza das organizações sem fins lucrativos e dos direitos que lhes assistem são a exceção e não a regra na maioria dos lugares. Enquanto a posição legal das organizações sem fins lucrativos é bastante aberta em termos de lei ordinária, as leis civis de diversos países erigiram barreiras quase intransponíveis. No Japão, por exemplo, o direito de fundar organizações sem fins lucrativos é considerado não como um direito, mas como um privilégio que os ministérios podem conceder ou negar à vontade. O registro das organizações sem fins lucrativos exige a aprovação do Ministério do Bem-estar Social em Gana, e a Lei nº 32, de 1964, capacita o governo egípcio a dissolver sempre que queira essas organizações.

Dificuldades parecidas, ou mais sérias, atravessam o caminho da caridade privada:

- na África do Sul, em vez de estimular as doações caritativas, as autoridades impõem uma taxa sobre a filantropia;
- na França, a criação de fundações requer a permissão explícita do Conselho de Estado, ficando as associações proibidas de adquirir bens capazes de assegurar seu financiamento a longo prazo;
- e no Brasil, onde a legislação geral parece flexível, uma antiga história de oposição entre sociedade civil e Estado autoritário gerou regulamentos que, até há pouco, comprometeram seriamente a posição legal do Terceiro Setor, tornando a designação “entidade civil de interesse público” um caso de favoritismo e vínculos pessoais.

Agravando os problemas de legitimidade do setor, temos por fim uma variedade de *patologias* que recentemente abalaram sua reputação:

- sérios escândalos na esfera de salários e lucros nos Estados Unidos e Reino Unido;
- uso fraudulento das ONGs para prover de subsídios públicos para alguns políticos no Brasil;

- utilização imprópria das fundações como veículos para fraudes tributárias na Europa central e oriental.

A fim de superar esses problemas, são necessários passos importantes. Em primeiro lugar, precisamos disseminar amplamente a *informação básica* disponível sobre esse conjunto de organizações e assim tirar o Terceiro Setor das sombras, de um modo sério. Algumas organizações sem dúvida se oporão a isso: é a herança de suspeição contra um governo hostil e interventor. Mas esse é, afinal de contas, o "setor do cidadão" e como tal não pode permanecer incompreensível e invisível à maioria dos cidadãos, ou àqueles que os representam na esfera pública. Felizmente, estamos na iminência de conseguir isso em pelo menos seis países ibero-americanos, por meio da segunda fase do Projeto Comparativo do Setor sem Fins Lucrativos da Universidade Johns Hopkins. O objetivo desse projeto é nada menos que inserir o Terceiro Setor, de modo sistemático, no mapa econômico do mundo e determinar as circunstâncias que favoreçam sua emergência, criando assim uma capacidade continuada de estimar a riqueza do setor no futuro. No momento, 21 países estão incluídos no projeto, entre eles Brasil, Espanha, Peru, Colômbia, Argentina e México, nesta região; e estuda-se já a participação de Venezuela e Chile.

A informação básica, porém, representa apenas o primeiro passo. O segundo passo seria fazer um sério esforço de *educação pública* para conscientizar amplamente a população sobre o Terceiro Setor e aquilo que ele é capaz de propiciar. O Terceiro Setor já não pode contar apenas com suas boas obras para garantir o apoio público: deve combater as impressões negativas freqüentemente alimentadas pela mídia e por aqueles que desejam desacreditar sua atuação. A Campanha contra a Fome, no Brasil, constitui um brilhante exemplo de como o Terceiro Setor pode mobilizar o apoio popular para seu trabalho, utilizando os meios de divulgação de massa de forma eficiente. Mas outros esforços são também necessários.

Em terceiro lugar, a legitimação tem de assumir *forma legal*. O direito de associação deve entrar de maneira clara e inequívoca na legislação. Além disso, regulamentos para estender o *status* jurídico às organizações sem fins lucrativos e assegurar a elas e a seus contribuintes condições tributárias favoráveis precisam ser simplificados e tornados automáticos, desde que certas exigências básicas sejam atendidas. Finalmente, cumpre exigir *transparência contábil* das organizações do Terceiro Setor. Uma organização de que se espera o cumprimento de relevantes funções públicas e que manuseia importantes subsídios deve ser aberta e responsável pelo modo com que utiliza seus fundos em atenção à confiança popular. Para tanto, o Terceiro Setor se empenhará em desenvolver seus próprios códigos de ética e seus próprios sistemas de contabilidade. Organizações por cotas e prestação pública de contas são os meios menos onerosos de obter isso. No entanto, maior transparência e abertura parecem pré-requisitos absolutos para o crescimento futuro.

Somente assim o Terceiro Setor conquistará a legitimidade de que precisa para atuar eficazmente.

O desafio da eficiência

O desafio da legitimação é apenas um dos muitos com que se depara o Terceiro Setor no mundo inteiro. Igualmente grave é o *desafio da eficiência*, a necessidade de mostrar a capacidade e a competência do setor.

Esse é um desafio especialmente delicado para as organizações conhecidas por sua flexibilidade, criatividade e sensibilidade às sugestões e preocupações populares.

No entanto, como as instituições de Terceiro Setor são também organizações, elas enfrentam sérios desafios no âmbito da administração e do controle institucionais. Quanto mais se empenham na solução dos problemas sociais, mais crescem as pressões para aperfeiçoarem seus sistemas de administração e seu desempenho.

Em muitos países, todavia, o preparo dos administradores das organizações sem fins lucrativos é puramente casual, na melhor das hipóteses, ou inexistente, na pior. De fato, essa postura tem sido defendida como parte do atrativo especial dessas organizações: confiança nos voluntários e desdém pelas rígidas normas profissionais.

Para que o Terceiro Setor legitime suas operações, tais idéias precisam mudar, pelo menos em parte, fazendo-se sério esforço a fim de aprimorar o gerenciamento das organizações. Isso exigirá pelo menos dois conjuntos de atividades:

- Em primeiro lugar, o treinamento de administradores nas habilidades exigidas para o setor: capacitar administradores que vão capacitar organizações que vão capacitar comunidades. Envolvemo-nos nessa tarefa na Europa central e oriental: a energia que libera pode revelar-se extraordinária.
- Não basta, porém, adestrar os administradores, sendo imprescindível criar *instituições de infra-estrutura* aptas a garantir a eficiência das organizações sem fins lucrativos a longo prazo. Essas instituições podem fornecer infor-

mações, treinamento, mobilização do setor e apoio moral geral. Elas desempenham papel de realce no setor dos negócios, e precisam ser aperfeiçoadas também no Terceiro Setor.

O desafio da sustentabilidade

O terceiro grande desafio para o Terceiro Setor é, no momento, o *da sustentabilidade.*

A sustentabilidade está em jogo em termos financeiros:

- muitas organizações do Terceiro Setor começaram como meros esforços pessoais ou graças ao apoio inicial de doadores estrangeiros, públicos ou privados;
- à medida que crescem em escala e complexidade, no entanto, logo superam essas bases iniciais e vêem-se a braços com graves problemas de sobrevivência;
- os cortes na assistência externa, em anos recentes, aprofundaram a crise fiscal do Terceiro Setor, sobretudo porque um número cada vez maior de organizações tem de competir por uma fatia cada vez menor do bolo.

Mas o problema da sustentabilidade financeira não é o único do gênero que o Terceiro Setor enfrenta. Quase da mesma importância é a sustentabilidade do capital humano do setor. À medida que a democratização avança em diferentes partes do mundo, os ativistas do Terceiro Setor assumem cargos governamentais em substituição aos antigos funcionários que lutaram para afastar, deixando assim suas organizações empobrecidas em recursos humanos. É nesse sentido que o Terceiro Setor se torna vítima de seus próprios êxitos. Ironicamente, se o Terceiro Setor pode contribuir para a democracia, a curto prazo a democracia pode sugar a força do Terceiro Setor.

Diante desse desafio, que fazer?

1. Em primeiro lugar e mais importante, *consolidar a base filantrópica privada do Terceiro Setor.*

- A filantropia privada pode ser apenas uma das fontes de apoio ao Terceiro Setor, mas é vital para sua independência.
- Se as fontes externas secarem, as internas terão de ser acionadas.
- Para tanto, divulgar-se-á o conceito de que a doação privada constitui uma obrigação de todos e não apenas dos ricos.

- Serão também exigidas novas atitudes da parte da comunidade empresarial e uma boa vontade maior da parte das organizações de Terceiro Setor em sensibilizar o setor corporativo.

2. Entretanto, o Terceiro Setor precisa escapar à armadilha de supor que a filantropia privada seja sua única fonte de sustentação. Isso não acontece em parte alguma: mesmo nos Estados Unidos, ela mal chega aos 18%. Dez por cento já seriam um objetivo razoável. Portanto outras abordagens se impõem, algumas delas brilhantemente demonstradas nesta região, como a Fundación FES e a Fundación Social da Colômbia.

3. Ao mesmo tempo, terá de prevalecer a noção do Terceiro Setor como carreira e não como simples estação no caminho de volta ao serviço governamental.

O desafio da colaboração

Isso nos leva ao quarto desafio que o Terceiro Setor encara no mundo todo, a que chamei o *desafio da colaboração.* Ele arrosta o Terceiro Setor em três campos diferentes:

1. O primeiro é o da *colaboração com o Estado.*

- Como vimos, o apoio estatal tornou-se elemento importante do financiamento ao Terceiro Setor na maior parte da América do Norte e Europa ocidental.
- Na América Latina, África e Ásia, entretanto, o relacionamento entre o Terceiro Setor e o Estado tem sido o mais das vezes conflitante, e por boas razões.
- As autoridades estatais quase sempre se mostraram repressoras e alheias às preocupações dos cidadãos.
- As associações civis surgiram não raro justamente para opor-se ao poder do Estado e resistir às suas políticas.
- Para ambas as partes, o desafio agora é saber se conseguirão baixar as armas e encontrar meios de colaborar.
- Progressos recentes no âmbito da assistência social, no Brasil, dão motivos de esperança, embora haja riscos em confiar demasiadamente nos compromissos de cooperação até agora firmados.

- Sem dúvida, tanto na América Latina quanto no resto do mundo em desenvolvimento nada é mais crucial para a evolução do Terceiro Setor do que o relacionamento entre ele e o Estado. Merece, pois, a máxima atenção.

2. O segundo campo é o da *colaboração com o setor empresarial.*

- Nesta região, uma antiga tradição de hostilidade prejudica as relações de diversos componentes do Terceiro Setor com a comunidade empresarial.
- Para a viabilidade a longo prazo do Terceiro Setor, essa luta precisa amainar ou cessar de vez.
- As instituições do Terceiro Setor não podem esperar consolidar-se nas sociedades do mundo em desenvolvimento a menos que encontrem meios de captar a participação e o apoio empresarial.
- À medida que a globalização avança, devem multiplicar-se as oportunidades nesse rumo, convencendo-se os empresários do papel relevante que poderão desempenhar num Terceiro Setor vigoroso e capacitado a ajudar no atendimento às necessidades públicas.
- Aqui, porém, a iniciativa tem de partir do Terceiro Setor. Estou convencido de que ela encontrará receptividade, conforme mostrou o recente encontro organizado pelo Centro Colombiano de Filantropia em Cartagena, em 1973.
- Aqui, seria proveitoso redefinir o que entendemos por "sociedade civil" e deixar de considerar essa expressão como aplicável unicamente a um setor, o Terceiro.
- Essa prática implica, de certa forma, que o setor empresarial está fora da sociedade civil e é, portanto, "não-civil".
- A meu ver, devemos aplicar a expressão "sociedade civil" não a um único setor, mas às *relações entre setores* — situação em que três ou mais setores distintos não apenas coexistiriam mas *colaborariam* uns com os outros para a solução dos problemas sociais.
- É por esse motivo que considero tão importante o desafio da colaboração.

3. Finalmente, o Terceiro Setor enfrenta um desafio formidável ao promover a colaboração em suas próprias fileiras.

- Em grande parte, o recente desenvolvimento do Terceiro Setor ocorreu não apenas em oposição a um Estado autoritário ou negligente mas também a instituições assistenciais privadas que eram vistas como tradicionais, paternalistas ou clientelistas.
- Além disso, os limitados recursos disponíveis criavam inevitavelmente a competição até mesmo entre grupos afins.
- Apesar de tudo, creio que o estabelecimento de uma frente comum das organizações de Terceiro Setor — financiadores e captadores, novas ONGs e antigas instituições assistenciais, grupos ambientalistas e entidades caritativas, associações profissionais e defensorias de direitos humanos — é uma necessidade urgente. Sem isso, o Terceiro Setor não superará os desafios que tem pela frente e não eliminará os mitos e deturpações que impedem sua aceitação.
- Não estou sugerindo que as entidades se fundam ou enterrem suas diferenças. A diversidade é uma das maiores forças do setor.

Mas, mesmo na diversidade, cumpre buscar uma visão comum dos graves problemas partilhados por todas as organizações do Terceiro Setor. Para isso, é necessário:

- definir a base legal do direito de associação e montar organizações de Terceiro Setor para um amplo leque de finalidades pacíficas;
- pleitear incentivos fiscais para organizações e contribuintes;
- divulgar a capacidade das organizações sem fins lucrativos de *defender* causas e comunidades particulares;
- oferecer *serviços essenciais ao setor*: assistência contábil, treinamento, formação de grupos especializados etc.

Com o tempo, o Terceiro Setor terá de capacitar-se a promover ação conjunta nas esferas de preocupação comum caso deseje mostrar-se eficiente na sociedade maior em que atua.

Conclusão

Há um século e meio, o francês Alexis de Tocqueville visitou uma nação nova chamada Estados Unidos da América para descobrir como a democracia poderia funcionar em área tão extensa. O pré-requisito mais importante, concluiu ele, era a atuação de associações privadas, ou seja, aquilo que hoje denominaríamos o Terceiro Setor:

> Entre as leis que regem a sociedade, uma há que me parece mais precisa e definida que todas as outras. Se os homens pretenderem continuar civilizados, ou tornar-se tais, a arte de associar-se deve crescer e aperfeiçoar-se na mesma razão da igualdade de condição. A ciência da associação é a ciência-mãe. O progresso de tudo o mais depende do progresso que ela fizer.

Cento e cinqüenta anos depois, uma verdadeira "revolução associacional" parece em curso na região ibero-americana e no resto do mundo, enquanto os tradicionais controles sociais se afrouxam e os povos dispõem a novas formas de integração. O interesse resultante pelas organizações sem fins lucrativos abre comportas para imensas reservas de talento e energia humana, ainda que crie riscos de paralisações e disputas.

Ninguém sabe ao certo tudo o que é preciso fazer para manter essas comportas abertas e assim permitir que o maior número possível de pessoas passe por elas. Duas coisas, entretanto, ficam claras:

- A primeira é o papel vital que essas organizações desempenham na livre expressão dos sentimentos do povo, que deseja lutar para melhorar suas vidas.
- A segunda é a imensa variedade de caminhos através dos quais essa necessidade pode ser atendida — e a grande diversidade de entidades de Terceiro Setor que, em conseqüência, podemos esperar ver crescer nos países e entre eles.

As palavras de Salvador Espriu com as quais iniciei esta palestra encarnam assim tanto o espírito do setor quanto o modo como seu futuro deve ser abordado. Não há, pois, melhor meio de resumir minha mensagem de hoje do que terminar por onde comecei, com Espriu a nos conclamar a

> *entender e aceitar,*
> *do bosque de oliveiras,*
> *a elevada e simples verdade da voz embargada do vento:*
> *"Muitos são os povos, muitas suas línguas,*
> *muitos os nomes para um só amor".*

Notas

1. P. Oxhorn,"From Controlled Inclusion to Coerced Marginalization: The Struggle for Civil Society in Latin America", *in* Peter Hall (org.), *Civil Society: Theory, History, Comparison*, Cambridge, UK, Polity Press, 1995, p. 270.
2. Miguel D. de Oliveira; R. Tandon, "An Emerging Global Civil Society", *in* Miguel Darcy de Oliveira; Rajesh Tandon (coords.), *Citizens: Strengthening Global Civil Society*, Washington, Civicus, 1994, p. 2.
3. Para mais detalhes sobre o tratamento do setor sem fins lucrativos no UN System of National Accounts, ver Helmut K. Anheier; Gabriel Rudney; Lester M. Salamon, "The Nonprofit Sector in the UN System of National Accounts: Country Applications of SNA Guidelines", *Voluntas*, vol. 4, 1993, pp. 486-501.
4. Para um resumo mais completo desses achados, ver Lester M. Salamon; Helmut Anheier, *The Emerging Nonprofit Sector*, 2. ed., Manchester, Manchester University Press, 1996. Para uma melhor explicação da definição utilizada nesta obra, ver Lester M. Salamon; Helmut Anheier, "In Search of the Nonprofit SectorI: The Question of Definitions", *Voluntas*, n.º 2, vol. 3, , 1992, pp. 125-151.
5. R. Putnam, *Making Democracy Work*, Princeton, Princeton University Press, 1993.
6. Para mais detalhes sobre essas "habilidades especiais" e "papéis especiais" do setor sem fins lucrativos, ver *Nonprofits and Development: The Challenge and the Opportunity*, Statement of the Johns Hopkins International Philanthropy Fellows, Baltimore, MD, Johns Hopkins Institute for Policy Studies, 1996.
7. J. S. Coleman, *Foundation of Social Theory*, Cambridge, Harvard University Press, 1990, pp. 300-321.
8. A. de. Tocqueville, *Democracy in America*, The Henry Reeve Text, Nova York, Vintage Books, 1945, vol. II, p. 117.
9. K. Arrow, "Gifts and Exchanges", *Philosophy and Public Affairs*, I, verão de 1972, p. 357 (cit. *in* Robert Putnam, *Making Democracy Work*, p. 170).
10. R. Putnam, *Making Democracy Work*, pp. 162-175.
11. Para um exame mais amplo desse ponto, ver Lester M. Salamon, *Partners in Public Service: Government-Nonprofit Relations in the Modern Welfare State*, Baltimore, MD, Johns Hopkins University Press, 1995 (esp. pp. 17-32, 83-99).
12. Para mais detalhes sobre o caso francês, ver Edith Archambault, *in* Lester M. Salamon; Helmut K. Anheier (orgs.), *The Nonprofit Sector in France, Johns Hopkins Nonprofit Sector Series*, Manchester, U.K., Manchester University Press, 1996.

Conferência proferida durante o III Encontro Ibero-Americano para o Terceiro Setor, Rio de Janeiro, setembro de 1996.

EDUCANDO OS FUTUROS ADMINISTRADORES E LÍDERES DO SETOR DE FILANTROPIA

Kathleen D. McCarthy[*]

[*] Diretora do Centro para o Estudo de Filantropia da Escola de Pós-Graduação da Universidade da Cidade de Nova York. Ex-presidente da Associação para Pesquisa sobre Organizações Filantrópicas e Ação Voluntária (ARNOVA).

Introdução

O desenvolvimento de treinamento profissional efetivo é um dos maiores desafios que o setor de filantropia tem pela frente atualmente nos Estados Unidos, assim como na Europa e América Latina. Que tipo de treinamento é necessário para preparar melhores administradores? Que tipo de treinamento fortalecerá o conjunto do setor? Essa é uma tarefa assustadora, especialmente se a meta é não apenas formar pessoas boas no que fazem, mas desenvolver defensores articulados, que possam efetivamente representar o setor entre aqueles que têm o poder de decisão nas empresas e no governo, e líderes que possam trazer um senso de visão a esse campo emergente tanto nacional como internacionalmente.

Com base nos programas e recursos que se desenvolveram nos Estados Unidos na última década, quais são alguns dos modelos de maneiras pelas quais essas necessidades estão sendo preenchidas atualmente? Uma das lições-chave da experiência americana é que não apenas um, mas três tipos de treinamento são necessários para promover a liderança do setor filantrópico: treinamento administrativo; iniciativas para proporcionar um panorama abrangente do setor como um todo; e treinamento planejado para gerar um senso de visão sobre como fazer o setor funcionar mais efetivamente no futuro. Além disso, cada um requer tanto esforços educacionais como pesquisa.

Administradores do setor de filantropia

Na superfície, a idéia de treinamento administrativo parece ser uma proposta bastante direta. Esse tipo de curso constituiu a área que mais cresceu, no âmbito dos estudos de filantropia, nos Estados Unidos na última década. No momento, há aproximadamente trinta membros no Conselho de Centros Acadêmicos de Filantropia, quase todos tendo como foco primordialmente (ainda que não exclusivamente) a administração de filantropia. Programas com certificados ou diplomas podem ser desenvolvidos adaptando-se cursos de contabilidade, administração, planejamento e pessoal. Mas trabalhadores do setor de filantropia freqüentemente enfrentam problemas específicos desse campo, questões não tratadas adequadamente na literatura padrão sobre administração de empresas com fins lucrativos. Essa circunstância, por sua vez, aumenta a necessidade de pesquisa capaz de produzir estudos de caso e outros materiais de treinamento especificamente calibrados para as necessidades do setor de filantropia.

Por exemplo, alguns administradores do setor filantrópico enfrentam o problema de oferecer serviços em comunidades que podem ser hostis a "forasteiros" e que desconfiam de organizações que tentam implementar programas em seu território. Como se pode desarmar esse tipo de situação e criar modos de trabalhar *com* os residentes locais em vez de simplesmente criar programas *para* eles? Como se pode reunir um conselho efetivo, que represente tanto os líderes da comunidade e doadores quanto os beneficiários que seus programas devem servir?

O levantamento de fundos é outra preocupação importante para o setor de filantropia, pelo menos nos Estados Unidos. Em um exemplo da dinâmica de levantamento de fundos, o Centro para o Estudo de Filantropia que dirijo completou recentemente um estudo de caso da Fundação Ms., que examinou não apenas as questões femininas mas, mais importante, as razões pelas quais as mulheres doam fundos para ajudar outras mulheres.

As questões sobre por que as mulheres fazem doações tornaram-se cada vez mais importantes nas últimas duas décadas, à medida que números crescentes de mulheres profissionais da geração do *baby boom* faziam carreira na administração, no governo e na academia. Embora as mulheres ainda ganhem salários mais baixos que os homens, nos Estados Unidos, elas também tendem a viver mais tempo e herdar mais. O resultado é que as mulheres começaram a controlar uma parcela maior, e que cada vez cresce mais, da riqueza nacional.

Além do mais, as *baby boomers*, que se tornaram a primeira a geração de mulheres a entrar na força de trabalho profissional *en masse*, estão rapidamente chegando aos cinqüenta anos, quando (estatisticamente) seus níveis de doação deveriam começar a aumentar. Como resultado, as questões sobre por que e onde as mulheres doam assumiram um caráter de urgência, e esse problema continuará, sem dúvida, a receber cada vez mais atenção no futuro.

Além dos estudos de caso específicos, houve muita pressão, nos últimos anos, para fortalecer o diálogo entre pesquisadores e praticantes e desenvolver pesquisa "aplicada" que possa auxiliar os trabalhadores do setor filantrópico a trabalhar melhor. Esse tipo de diálogo é fomentado ativamente pelas grandes organizações profissionais, como a Associação para Pesquisa sobre Organizações Filantrópicas e Ação Voluntária (ARNOVA), e através de periódicos recém-criados, como o *Nonprofit Management and Leadership*.

Como resultado, o treinamento administrativo do setor filantrópico está ocorrendo tanto no interior como além dos programas de administração de filantropia. Tanto os cursos quanto a pesquisa são necessários para afiar as habilidades administrativas de que os trabalhadores filantrópicos precisam para tratar, de modo mais efetivo, dos problemas que encontram em suas tarefas cotidianas. Cursos, materiais de curso especialmente orientados e mecanismos de estímulo ao diálogo contínuo entre pesquisadores e praticantes caminham juntos na busca do fortalecimento da administração de filantropia no nível organizacional.

Defensores

Mas, para o setor de filantropia prosperar e crescer, precisará cultivar profissionais que possam representar o conjunto do campo, assim como administradores capazes dentro de instituições individuais. Aqui, também, pesquisa e educação desempenham um papel simbiótico.

Nas últimas décadas, uma variedade de organizações começaram a produzir informações qualitativas e quantitativas sobre diversos aspectos do setor de filantropia, dados destinados a fomentar uma visão mais abrangente de seus diversos componentes, seu impacto econômico e sua relação com o governo. Além dos centros sediados nas universidades, um número de instituições independentes tomou a dianteira nesse tipo de pesquisa e educação pública, inclusive o Centro de Fundações, o Conselho de Fundações, a Associação Americana do Conselho de Levantamento de Fundos e o Setor Independente (IS).

Grande parte dessa pesquisa é necessariamente estatística. Até dez ou quinze anos atrás, simplesmente não tínhamos um retrato estatístico que nos possibilitasse discutir o Terceiro Setor como uma entidade única, abrangente. Ao longo dos anos, diferentes organizações contribuíram com diferentes dados para a compreensão do mosaico do setor filantrópico, números que foram finalmente usados tanto em discussões legislativas como entre os praticantes de filantrópico, os outorgantes de auxílio e os estudiosos. Um breve panorama de algumas de suas atividades ilumina os modos pelos quais esse tipo de informação sobre as necessidades do setor, suas funções e suas metas pode servir para os praticantes no campo filantrópico e para o público em geral .

Os melhores dados sobre fundações, por exemplo, são compilados pelo Centro de Fundações, que reúne infomações sobre programas de concessão de auxílio: seu tamanho, seus números e seus cessionários. A tarefa de coletar esse tipo de informação foi simplificada dramaticamente quando o Congresso aprovou uma lei para regulamentar as atividades das fundações através do Serviço de Receita Interna (IRS) em 1969.

Uma das medidas da lei exigia que os outorgantes de auxílio apresentassem para o IRS relatórios anuais descrevendo seus bens e custos administrativos e programáticos, inclusive as quantias doadas a cada um de seus cessionários. Cópias desses relatórios estão à disposição nas bibliotecas do Centro de Fundações em Nova York e em outras cidades, fornecendo os dados brutos para o banco estatístico abrangente do Centro sobre doações de fundações.

Graças a esses dados, sabemos que há quase 40 mil fundações corporativas e comunitárias independentes em operação e que o número dessas instituições está aumentando. A década de 1980 testemunhou um aumento de 31% no número de fundações, apresentando concessões de US$ 100 mil ou mais, maior aumento na história da nação. Também sabemos que as grandes fundações como a Kellog e a Ford são atípicas. Como em outros países, a maioria das fundações americanas são relativamente pequenas, com uma grande maioria (mais de 75%) apresentando orçamentos anuais de concessões de auxílio de US$ 100 mil ou mais.

Dados como esses se destinam não apenas a informar, mas a ajudar doadores e administradores do setor de filantropia a trabalhar de modo mais efetivo. As bibliotecas do Centro de Fundações, abertas ao público, incluem relatórios anuais de fundações, arquivos de recortes sobre as atividades dos outorgantes de auxílio e impressos de concessões de auxílios em campos específicos como artes, juventude e programas de educação superior (quem os apoiou, quanto foi doado e os objetivos de cada concessão). A disponibilidade dessa informação ajuda a direcionar o processo de concessão de auxílio solicitado por importantes candidatos para os outorgantes de fundos que tenham maior probabilidade de se interessar por seu trabalho. Isso é útil não apenas para os administradores do setor de filantropia, mas também para as próprias fundações. Se uma instituição só faz doações para as artes ou saúde, seu pessoal não deseja ter de lidar com uma inundação de propostas de pessoas em busca de dinheiro para zoológicos. A pesquisa do Centro de Fundações ajuda a simplificar o processo de busca de auxílio, mantendo o público informado sobre o que fazem as fundações.

Esse tipo de responsabilidade tem também ramificações políticas. Muitas vezes, no último século, as fundações americanas estiveram sob rigoroso exame governamental, incluindo uma série de investigações do Congresso nas décadas de 1950 e 1960, nas quais enfrentaram uma variedade de acusações — algumas delas tinham o objetivo de corrigir abusos existentes, ao passo que outras procuravam apenas desacreditar as fundações. A lição tirada dessas investigações foi muito clara: se a instituição não mantiver o público informado sobre o que faz, ele pode acreditar em qualquer coisa, o que, por sua vez, pode aumentar a vulnerabilidade política dos outorgantes de auxílio. A disponibilidade de estatísticas, e a disposição de ser publicamente responsável por programas e decisões, é uma das pedras angulares da liderança efetiva do setor de filantropia e das fundações nos Estados Unidos.

O Setor Independente (IS) é outra organização que tem trabalhado de modo consistente para ajudar o setor a se ver mais claramente. O IS tem promovido ativamente sua própria pesquisa, assim como o desenvolvimento de centros de estudo de filantropia sediados em universidades desde a década de 1980. Como coalizão nacional de organizações de doadores e de filantropia, o IS trabalha para educar o público sobre a importância social, política e econômica do setor, como um meio de aumentar as doações e o voluntariado e a fim de desestimular legislação prejudicial.

Quando o IS foi fundado, no começo da década de 1980, as organizações nos Estados Unidos estavam tendo exatamente os mesmos tipos de discussões que estão ocorrendo em muitas outras partes do mundo hoje. Será que há um Terceiro Setor, e, se há, o que é ele? Será que podemos realmente misturar instituições tão diferentes quanto hospitais, museus e organizações de direitos humanos? Havia muito ceticismo quanto a essas idéias naquele momento, mas hoje elas são amplamente aceitas nos Estados Unidos — graças, em grande medida, à pesquisa e às atividades educacionais do IS.

Por exemplo, deu-se início a pesquisas Gallup para registrar a alteração dos níveis de doação e voluntariado. Como resultado, sabemos agora que a maioria das pessoas nos Estados Unidos doam e se apresentam como voluntárias, e aquelas que servem numa organização têm mais probabilidade de sustentá-la financeiramente também. Como no caso das estatísticas sobre as fundações, essa informação tem implicações políticas. Se 80% dos eleitores do distrito de um político participam de organizações de filantropia, aquele político terá muita cautela em atacar o setor de filantropia legislativamente.

Há também implicações econômicas. Como o Setor Independente incluiu estatísticas sobre a quantidade de tempo que as pessoas doam como voluntárias, podemos agora calcular o valor em dólar daquele tempo, vinculando-o ao ordenado médio de trabalhadores não-agrícolas, mais um adicional de 12% para benefícios extras. Calculado dessa forma, o valor monetário anual do tempo voluntário em organizações filantrópicas totaliza desconcertantes US$ 210,5 bilhões. Quando isso é acoplado ao fato de que as organizações filantrópicas detêm quase 7% dos empregos dos Estados Unidos, a importância do setor na economia do país ganha relevo. Essas não são apenas organizações isoladas fazendo "bons trabalhos", mas uma força econômica substancial que não apenas cria empregos, mas também subsidia os esforços governamentais na oferta de serviços de saúde, educação e bem-estar através de doações monetárias e contribuição em tempo de trabalho.

Por que isso é importante? Por que o setor precisa se conhecer, e como isso se relaciona com treinamento profissional? Digamos que nosso hipotético administrador do setor filantrópico está conversando com um funcionário do governo ou com o presidente de uma corporação sobre sua organização. Um bom administrador poderia falar sobre os programas da agência — quantas crianças foram ajudadas no local ou o número de projetos que a agência está supervisionando. Um administrador provavelmente não mencionaria uma equipe diligente, embora isso seja certamente parte do objetivo do treinamento de administração. Mas isso é mais ou menos tudo o que pode fazer.

Ao contrário do administrador, um defensor poderia colocar sua organização no contexto do conjunto do setor, seu crescimento, número total de pessoas atendidas, sua centralidade para a economia, seu papel político de ajudar a partilhar os custos dos serviços. No processo, um defensor bem informado pode apresentar sua organização e o setor em termos que lideranças empresariais e governamentais possam apreciar e entender. E isso, por sua vez, fortalece o setor de maneiras vitais, construindo uma base de proponentes esclarecidos entre os articuladores nacionais de políticas e líderes de opinião que estão em posição de gerar maior apoio político, financeiro e popular.

Líderes

Se a meta for produzir líderes verdadeiramente talentosos e influentes, com visão e senso não apenas do que é o setor, mas do que ele poderia vir a ser, mais uma coisa será necessária. É aqui que os centros que fazem pesquisa, em vez de treinamento administrativo, podem desempenhar um papel crucial. Exemplo disso é o Programa de Pesquisadores Internacionais do Centro para o Estudo de Filantropia. Alguns de seus ex-pesquisadores observaram que programas de estudo como esse proporcionam o tempo necessário não apenas para desenvolver um panorama abrangente do escopo estatístico do setor de filantropia, mas também para examinar os modos pelos quais as organizações filantrópicas interagem com o governo, empresas e indivíduos. Além disso, oferecem a oportunidade de explorar modelos diferentes de fortalecimento do setor, melhorando sua responsabilidade, sustentando o desenvolvimento de programas corporativos, promovendo a colaboração entre empresas, governo, fundações e organizações filantrópicas e explorando modos de aumentar doações, o voluntariado e o entendimento do público sobre o que é o setor e o que faz.

Tais programas também oferecem a oportunidade de explorar novos tipos de iniciativas filantrópicas — o que elas fazem, como são estruturadas e mantidas e os tipos de papéis que podem desempenhar. No ano passado, por exemplo, o foco do programa recaiu sobre as fundações e programas corporativos de doações. Pediu-se a cada pesquisador que examinasse os fatores que criam um "clima propício para a filantropia" em diferentes países. Isso implicou leitura extensiva, pesquisa e entrevistas com uma variedade de líderes corporativos, de organizações filantrópicas e de fundações. À medida que seu trabalho evoluiu, cada pesquisador começou a focalizar um aspecto diferente do mosaico filantrópico. O pesquisador brasileiro (que trabalha no Rio de Janeiro com o Roda Viva, uma organização que atende crianças pobres) explorou formas de aumentar a responsabilidade como um meio de romper as barreiras de desconfiança que separam doadores potenciais e ONGs.

Também se pede aos pesquisadores que escrevam um trabalho descrevendo suas descobertas. Esse trabalho circula internacionalmente para que suas idéias sejam partilhadas com representantes de filantropia e doadores em outras partes do mundo. Isso, por sua vez, oferece a oportunidade de encetar um diálogo sobre o futuro do setor filantrópico entre líderes estabelecidos e emergentes nesse campo do mundo inteiro.

Na verdade, isso lhes possibilita refletir não apenas sobre a questão do meio (como os programas se desenvolvem e se mantêm ou como o setor funciona em termos políticos e econômicos), mas também sobre as hipóteses de como ele poderia ser fortalecido e melhorado com o tempo. As habilidades administrativas, a perícia estatística e o senso de visão do futuro do campo tanto nacional como internacionalmente constituem um elemento vital no treinamento de administração e liderança.

Conclusão

Para o campo avançar, precisamos não de um, mas dos três tipos de treinamento profissional para os líderes de filantropia de amanhã, os quais exigem todos uma combinação de educação e pesquisa. O treinamento administrativo é necessário para aumentar a habilidade das pessoas de realizar melhor o seu trabalho diário. Os esforços para construir e disseminar uma base ampla de conhecimento sobre o setor filatrópico no próprio país possibilitarão que os trabalhadores filantrópicos efetivamente representem seu programa — e seu setor — entre os líderes das empresas e do governo. E, finalmente, a visão e um firme conhecimento não apenas do que o campo é no presente, mas do que ele poderá vir a ser, podem possibilitar que líderes de ONGs participem de discussões nacionais e internacionais sobre o setor filantrópico e a sociedade civil, do ponto de vista não apenas de suas próprias organizações — ou até mesmo de seus próprios países — mas do mundo inteiro.

DA EXCLUSÃO À COESÃO SOCIAL: PROFISSIONALIZAÇÃO DO TERCEIRO SETOR

Jacques Marcovitch[*]

[*] Professor titular da Faculdade de Economia e Administração e coordenador da Área de Assuntos Internacionais do Instituto de Estudos Avançados da Universidade de São Paulo. É pró-reitor de Cultura e Extensão Universitária dessa mesma universidade.

Introdução

Bolha passageira de prosperidade ou desenvolvimento sustentado duradouro? O caminho do desenvolvimento no Brasil exige mais do que níveis competitivos de produtividade. Exige uma sociedade pluralista e coesa; uma comunidade disposta a mobilizar-se contra a exclusão que está na raiz da violência e da intolerância, traços nefastos de uma sociedade que promove espasmos de crescimento, sem um horizonte promissor para as gerações vindouras. O crescimento econômico é necessário, mas quando é realizado sem sensibilidade para a cultura e para o compromisso social induz a tensões desestabilizadoras do próprio crescimento.

A alternativa do Estado provedor demonstrou suas limitações. O Estado tem-se revelado mais sensível às pressões políticas do que à miséria humana. A lógica do poder, que caracteriza a política, tem sufocado a lógica dos resultados. Se de um lado a presença do Estado é imprescindível, de outro atribuições nos campos da cultura, das artes, da solidariedade humana, da defesa da natureza podem ser compartilhadas com entidades não-governamentais. Entidades criadas por iniciativa de grupos de cidadãos dispostos a engajarem-se na busca de um ideal são necessárias para a defesa de uma causa de interesse social.

A fragilidade das entidades não-governamentais tem levado ao desaparecimento precoce de muitas delas. A informalidade, tão útil nos primeiros passos de uma associação de interesse público, torna-se rapidamente uma ameaça à sua perenidade. O ideal generoso e altruísta presente na sua criação deve ser acompanhado pela visão gerencial e por rigor financeiro para a obtenção dos frutos almejados. Estatutos, plano diretor, relatórios periódicos, avaliação externa podem inserir-se naturalmente no dia-a-dia da entidade. O receio da burocratização é compreensível, já que ela sufoca a inovação, mas a ausência de procedimentos para a ação atomiza o sistema de valores humanos que sustentou o nascimento da iniciativa.

A profissionalização da gestão das instituições do Terceiro Setor está sendo esperada. A profissionalização decorre de três condições: reconhecimento social, mercado de trabalho e oportunidades de formação. O reconhecimento social concede aos responsáveis legitimidade. O mercado de trabalho permite fazer do exercício profissional um meio de subsistência remunerada. Os jovens egressos da universidade esperam visualizar as oportunidades decorrentes de uma trajetória profissional no Terceiro Setor. Quanto à formação, cabe a ela oferecer conhecimentos e habilidades para aqueles que ambicionam tornar-se profissionais na área. Serão agentes de mudanças provenientes de diversas áreas do conhecimento humano, dispostos a dedicarem-se a entidades privadas de interesse público.

A expectativa de profissionalização do Terceiro Setor não se limita ao Brasil, ao MERCOSUL ou à América Latina. O crescimento da exclusão e o avanço das tecnologias têm provocado mutações sociais que geram "novas realidades", para as quais a sociedade e o Estado se encontram despreparados a enfrentar. O desenvolvimento sustentado duradouro depende de as pessoas associarem-se para transformar seus sonhos em projetos e problemas em soluções. Tais iniciativas reforçam o papel do Estado porque constituem um foco de influência política em prol da coesão social.

Transformações tecnológicas e mutações sociais

As políticas correntes de respostas às profundas mutações sociais têm sido insatisfatórias. As inovações tecnológicas recentes acenam para um mundo mais integrado, fraterno e com nível crescente de bem-estar. Esse horizonte, já alcançado por segmentos da sociedade humana, é acompanhado por nuvens de insegurança. As promessas de integração global têm dado espaço a fragmentações que promovem a exclusão.

Enquanto parte da juventude se integra ao mercado de trabalho, aumenta a iniqüidade com visíveis conseqüências sobre os índices de violência. Em vários cantos do mundo a intolerância prospera e o fundamentalismo religioso sustenta ações terroristas sangrentas. É significativo observar o aumento dos índices de desemprego entre os jovens na faixa de 15 a 24 anos. Por outro lado, mais de 5 milhões de crianças na América Latina têm seu trabalho explorado em vez de estarem na escola. Tanto a alternativa do Estado provedor como a alternativa do Estado desenvolvimentista revelam sua inviabilidade. A busca de uma economia de mercado com coesão social exige compreensão das novas realidades para poder-se atuar sobre elas.

A dificuldade de compreensão das novas realidades decorre do uso de instrumentos analíticos obsoletos para o oferecimento um diagnóstico dos impasses contemporâneos. Mais difícil é o delineamento de modelos que revelem as relações causais entre tendências e variáveis explicativas de fenômenos sociais como o desemprego.[1] As mutações recentes pedem a ampliação dos campos de análise e de ação. A interdependência entre número crescente de variáveis explicativas tem aumentado. Isso exige a ampliação do campo de análise.

Novos instrumentos de análise são necessários para que reflitam as novas realidades. À guisa de exemplo, os índices de emprego estruturados em bases tradicionais das economias agrícola e industrial têm refletido com pouca precisão os níveis de ocupação em decorrência das mudanças nas relações capital-trabalho-tecnologia. Também o dinâmico setor de serviços exige novos sensores para o acompanhamento da evolução do mercado de trabalho.

Até o presente, as medidas de combate à pobreza têm-se revelado pouco promissoras. Apesar de elevação geral do nível de bem-estar, as novas realidades são acompanhadas por crescente incidência de pobreza. Novas formas de miséria estão surgindo. Enquanto se multiplicam iniciativas de ajuda aos desprovidos, torna-se mais complexa a compreensão dos processos de empobrecimento. Sem essa compreensão, os programas emergenciais adotados passam a ter importância relativa. Eles mantêm sua relevância de projetos demonstrativos, como as iniciativas empreendidas em Campinas, Ribeirão Preto e no Distrito Federal. No entanto, não atingem as causas do processo de empobrecimento. O acesso à renda mínima ou à moradia, como o Projeto Cingapura, deve ser acompanhado por ativos não-materiais, como o acesso à informação, à representação e às redes de comunicação. Esses ativos não-materiais são meios que tornam as pessoas visíveis e presentes no contexto social.

Reconhecimento da prioridade social

A sociedade brasileira reconhece a importância do combate à exclusão? Para responder a essa inquirição, cabe observar que a exclusão social é uma noção complexa. Ela tem significado diferente de acordo com o contexto sociocultural no qual ocorre. Numa sociedade que valoriza a solidariedade, como é o caso da nipônica, a exclusão ameaça as bases sobre as quais o sistema de valores humanos se sustenta. Num país de estrutura social estratificada, como a Índia, a solidariedade manifesta-se dentro dos grupos sociais. Cada grupo social controla um conjunto de recursos e define os termos de inclusão dos seus desprovidos. A exclusão está relacionada, portanto, à estrutura social e passa a ser combatida à medida que é percebida como injusta.

A sociedade brasileira, que já foi denominada "injusta", combina a estratificação e a abrangência. No Brasil, a injustiça social tem raízes históricas e econômicas. A análise que fundamentou a ação social do governo federal em 1996 diagnosticou as seguintes causas: a) a herança escravocrata, que gerou uma mentalidade de indiferença em relação à desigualdade, à violência e à exclusão; b) a relação perversa entre os planos econômicos e as políticas sociais que aprofundaram as desigualdades, enfatizadas ainda mais pela espiral inflacionária; c) a ineficácia das políticas sociais que, apesar de aquinhoadas com volumes crescentes de recursos, adotaram enfoque conjuntural e freqüentemente clientelista.[2] Essas causas reforçam a estratificação socioeconômica, apesar de existir certa mobilidade social.

Uma abordagem abrangente na busca da coesão social implica enfrentar, simultaneamente, necessidades materiais e não-materiais. Os instrumentos-chave das políticas sociais passam a ser o mercado e os direitos à cidadania e à estruturação da sociedade civil. O acesso ao mercado significa uma remuneração decorrente do trabalho. Ela os assegura meios que permitem o atendimento das necessidades dos membros de uma família. A cidadania inclui direitos e responsabilidades civis e políticas. Inclui, também, o direito à educação e à propriedade. Enfim, direitos que assegurem a realização de cada indivíduo como cidadão, membro ativo de uma estrutura social.

Cabe a essa estrutura social organizar-se e assumir iniciativas de interesse para o bem-estar coletivo. A criação de associações de interesse público, de redes de cooperação e de programas sociais no âmbito de empresas e universidades é indicador de maturidade política e cultural. A aliança estratégica entre essas iniciativas, e delas com o Estado, tem gerado resultados que podem tornar-se ainda mais expressivos. Os resultados alcançados têm legitimado tais iniciativas através do reconhecimento público da sua relevância.[3]

Cabe extrair do progresso da ciência e da tecnologia os benefícios possíveis para a consolidação de uma economia de mercado. No entanto, cabe também retirar desse progresso os meios para evitar as nefastas conseqüências da fragmentação. As guerras e os inúmeros conflitos sangrentos, locais e regionais, decorrem, em parte, de mutações comparáveis às atuais que tiveram origem na Revolução Industrial. Cresce em alguns segmentos da sociedade o reconhecimento da relevância da mobilização em prol da coesão social. Trata-se de mobilização ainda modesta diante das dimensões da exclusão social no Brasil.

Profissionalização e mercado de trabalho

A busca da coesão social deve ser moderna, abrangente e institucionalizada. Assim, ela torna-se responsável, duradoura e conseqüente. Também pode tornar-se geradora de empregos para a resolução de problemas de interesse coletivo. O projeto delineado no âmbito do Instituto de Estudos Avançados da USP sobre a relação entre emprego e exclusão sublinha que "a transformação no significado do trabalho põe a nu uma carência de iniciativas ou de projetos de interesse coletivo". Observa, também, que iniciativas sociais de interesse público podem constituir importante fonte de geração de empregos.[4]

A organização da sociedade para que assuma iniciativas de interesse público deve evitar identificá-las como atividades voluntárias não-profissionalizantes. Deve, também, evitar depreciar e caricaturar o setor público ou o setor privado para beneficiar esse tipo de iniciativa. Pelo contrário, é desejável buscar uma harmonia que coloque a eficiência empresarial a serviço de objetivos sociais. Cabe, portanto, promover atividades socialmente úteis, economicamente viáveis e profissionalmente recompensadas de forma explícita e transparente.

Um estudo sobre exclusão social na Amazônia Legal,[5] concluído em 1996, revela que 67% das iniciativas de combate à exclusão social são realizadas por organizações do Terceiro Setor e 33% são projetos da administração pública. Em sua maioria as organizações do Terceiro Setor são associações de produtores rurais, religiosas, cooperativas ou sindicatos de trabalhadores, entidades que almejam a mobilização comunitária para enfrentar problemas sociais e econômicos. O estudo alerta para os elevados graus de provisoriedade e fragilidade dessas entidades não-governamentais. Elas possuem média de idade baixa e muitas desaparecem após o primeiro ano de existência.

Esse diagnóstico aplica-se a outras regiões do País. Apesar de os avanços visíveis na Região Sudeste do Brasil, são muitos os fatores que inibem seu desenvolvimento: institucionalização precária, parcos recursos financeiros, falta de capacitação técnica e gerencial, escassez de dados de acompanhamento, carência de sistematização de informações, pouca aptidão para a articulação institucional.

Uma avaliação da Conferência Mundial sobre Meio Ambiente e Desenvolvimento reitera esse diagnóstico. Por ocasião da avaliação de resultados da Agenda 21, foi enfatizada a importância das organizações não-governamentais na mobilização da sociedade.[6] Simultaneamente, foi revelada a crise que atravessam em decorrência das dificuldades por elas enfrentadas. Algumas dependem tanto de recursos externos que se torna difícil conciliar objetivos globais com interesses locais. Clara definição da missão, revisão permanente das estratégias, flexibilidade das estruturas e aperfeiçoamento contínuo das competências são necessários para a mobilização de recursos locais. Salvo honrosas exceções, essas entidades carecem das qualificações profissionais que viabilizariam um salto qualitativo em busca de novo patamar institucional.

A profissionalização decorre de um perfil aceito e valorizado. De um lado, cabe ao mercado de trabalho explicitar suas demandas e, de forma evolutiva, estruturar sua estratégia de recursos humanos.[7] De outro, cabe às universidades e aos centros de formação delinear os programas e oferecer um elenco de cursos alternativos para responder às demandas, que podem variar de cursos breves de aperfeiçoamento a cursos longos de especialização.[8]

Os processos de recrutamento, seleção, treinamento e promoção devem incorporar as dimensões que decorrem das funções a serem desempenhadas. Do sistema de valores humanos à visão estratégica, dos conhecimentos gerais à especialização técnica, da competência gerencial à seletividade informacional, cada um desses aspectos representa fatores determinantes da gestão de recursos humanos.

O agente do Terceiro Setor sabe que a legitimidade de uma iniciativa é assegurada quando ela adquire personalidade moral através de sua existência jurídica. Estatutos exprimem a vontade de pessoas que se organizam para perseguir coletivamente um ideal. A lei garante a existência da entidade, o seu nome, os seus recursos, enfim, os seus direitos de pessoa jurídica. Esses direitos são acompanhados de responsabilidades explicitadas nos estatutos, os quais devem revelar a razão de ser da entidade. Para isso, devem conter uma missão precisa sem ser limitativa; por exemplo, "ajuda a idosos desamparados" em vez de "manutenção de casa de repouso para idosos".

Estatutos contribuem para a transparência e a legitimidade institucional. Além da missão, incluem duração, origem dos recursos, formas de aceitação dos membros, órgãos deliberativos, eleição dos dirigentes, duração dos mandatos e órgãos de avaliação. Estatutos, plano diretor e relatórios de avaliação constituem os principais instrumentos de comunicação social.[9] Com isso, o ideal proposto por um grupo restrito de pessoas pode ampliar o endosso de segmentos mais amplos da sociedade, o que induz ao reconhecimento social e consolida o mercado de trabalho para agentes do Terceiro Setor.

Formação para a profissionalização

O caminho da exclusão à coesão social depende de mudanças a serem viabilizadas pelas lideranças. A compreensão, a compaixão e a cooperação sem paternalismo são precondições para a instauração de laços entre os vários segmentos da sociedade. Para isso, uma primeira determinante de perfil do agente do Terceiro Setor corresponde ao seu sistema de valores humanos. Uma visão kantiana do mundo permitir-lhe defender a cooperação, a solidariedade e a eqüidade, mas também a competência, a responsabilidade e o rigor econômico. Para o agente do Terceiro Setor, a escassez de recursos, que está na origem da análise econômica, não pode legitimar a exclusão. O agente do Terceiro Setor dá novo sentido à democracia.

A democracia renovada pede a compreensão dos processos de integração e de fragmentação. Essa compreensão é facilitada pelo conhecimento sobre a evolução da humanidade nas suas dimensões históricas e socioculturais. A sensibilidade quanto às diferenças culturais ajuda a compreender as nuanças do multiculturalismo, tão presente na sociedade brasileira. O sistema de valores e o conhecimento das civilizações permitem enfrentar os efeitos da exclusão social, como a violência urbana, a exploração infantil, a marginalização dos idosos, os preconceitos e, também, os focos de economia clandestina, como o narcotráfico. Valores e conhecimentos de história, geografia e da evolução das ciências constituem a base da formação do agente do Terceiro Setor para sua profissionalização.

Constituída a base de valores e conhecimentos, cabe assegurar as habilidades gerenciais que valorizam simultaneamente a rotina operacional e a inovação organizacional. É um desafio para o gestor conciliar a disciplina contábil e financeira com espaço privilegiado dos projetos que constituem as atividades-fim. São estas últimas que justificam a existência de uma organização do Terceiro Setor, mas sem a rotina dos serviços contábeis, por exemplo, coloca-se em risco a transparência e a própria existência da instituição.

No campo da inovação, o agente do Terceiro Setor combina seu conhecimento técnico — nos campos de educação, saúde, cultura, moradia, recreação ou meio-ambiente — uma visão estratégica e prospectiva. Estratégica porque se origina das necessidades e das tendências do ambiente externo. Prospectiva porque explora horizontes futuros mais distantes, permitindo uma abordagem estrutural dos impasses priorizados. Para viabilizar a estratégia escolhida, a gestão por projetos assegura a descentralização, a articulação e a sinergia entre as iniciativas empreendidas.

Uma instituição dedicada à melhoria das condições de vida da criança e do adolescente no Brasil deverá, preliminarmente, aprofundar seus conhecimentos sobre as especificidades de cada faixa etária; por exemplo, abaixo de 7 anos, de 7 a 14 anos, de 14 a 16 anos e de 16 a 18 anos.[10] Em cada uma dessas faixas etárias, programas específicos deverão ser delineados resultando em projetos cujas metas sejam mensuráveis para efeito de verificação do impacto das iniciativas. O mesmo deve ocorrer com a integração do idoso.[11] Com a rápida elevação da esperança de vida, a comunidade de terceira idade torna-se mais complexa, exigindo sua segmentação para o melhor atendimento de suas necessidades. As oportunidades de aprendizagem de novos conhecimentos e de novas habilidades devem corresponder aos seus perfis de estilo de vida,[12] privilegiando sempre projetos que mantenham o idoso junto às gerações mais jovens, em benefício de ambos.

O conhecimento técnico tornou-se mais acessível e, também, mais complexo. A tecnologia de informação revoluciona o conhecimento humano à medida que oferece quantidade infinita de dados, em princípio, úteis para o acompanhamento da realidade. Paradoxalmente, torna-se mais difícil discernir dados e análises qualitativamente confiáveis. Não basta possuir a habilidade de lidar com os meios eletrônicos para estudos e tomadas de decisões. É preciso desenvolver uma seletividade para a escolha do mais relevante, conciliando a percepção do todo com o aprofundamento em poucos temas selecionados de maior interesse.[13] A conexão eletrônica global contribui para que as instituições do terceiro setor se beneficiem das experiências acumuladas em outros países. Essa conexão ajuda, também, a manter a sintonia com os desafios semelhantes de outras partes do mundo, favorecendo um processo de aprendizagem coletiva à distância.

A aprendizagem consolida-se com a experiência do planejamento e da execução de atividades e projetos. Cabe, no entanto, observar que essas duas funções gerenciais são insuficientes. As organizações que aprendem são aquelas que dedicam parcela significativa do seu tempo à avaliação de suas atividades. Quando a avaliação alimenta o processo decisório, deixa de ter caráter valorativo das competências individuais para tornar-se um exercício grupal de aprimoramento coletivo.

Por desempenhar função de interesse público, espera-se que a organização do Terceiro Setor cultive a transparência quanto ao seu portofólio de projetos e, também, quanto aos resultados obtidos e os recursos alocados. O diagnóstico *ex-ante* e a avaliação *ex-post* constituem instrumentos determinantes para o êxito e o apoio a ser obtido em iniciativas futuras. Nesse sentido, a preparação de relatórios de avaliação, e a sua disseminação constituem importantes instrumentos de comunicação com a sociedade.

A qualidade de um programa de formação para o Terceiro Setor decorre de sua profundidade e continuidade. A profundidade depende do espaço aberto à reflexão, fazendo do programa um verdadeiro foro de reflexão coletiva. Um foro dedicado à discussão e à proposição de políticas públicas, através da participação seletiva de atores sociais, sobre temas bem-determinados.

A continuidade que garante o seu aperfeiçoamento evolutivo depende da sustentabilidade. Esta é facilitada através de colegiados que reúnem representantes dos segmentos sociais interessados e dos financiadores das iniciativas. A diversificação das fontes de recursos é desejável e favorece a perenidade de um programa de formação de agentes para o Terceiro Setor.

Conclusão

A formação para a profissionalização trata de valores, conhecimentos, habilidades e atitudes que contribuem para a capacitação de dirigentes, gestores de projetos, coordenadores de programas, responsáveis por atividades de apoio. Denominados agentes do Terceiro Setor, eles constituem o grupo de profissionais responsáveis também pela obtenção de recursos para iniciativas de interesse público. A formação é condição necessária, mas insuficiente para a profissionalização. Cabe às entidades executoras de projetos e às entidades financiadoras conquistar o reconhecimento público e estruturar o mercado de trabalho para a valorização da competência profissional. Recompensando adequadamente os mais competentes, é possível atrair jovens talentos, cujo engajamento é decisivo para o futuro do Terceiro Setor no Brasil.

Notas

1. ILO, *Social Exclusion and Anti-Poverty Strategies — Research Project on the Patterns and causes of Social Exclusion and the Design of Policies to Promote Integration: a Synteshis of Findings,* 1996
2. Presidência da República, Governo Fernando Henrique Cardoso, *Por um Brasil Mais Justo — Ação Social do Governo,* Brasília, 1996.
3. Sophie Bessis, "De l'Exclusion Sociale à la Cohésion Sociale. Synthèse du Colloque de Roskilde (2-4 mars 1995)", *in* MOST *Documents de Politiques Sociales* 2, MSUNESCO, 1995.
4. *Geração de Empregos: Transcendendo o Dilema Público/Privado — Um Projeto,* Universidade de São Paulo/Instituto de Estudos Avançados, 1996.
5. "Exclusão Social na Amazônia Legal", estudo realizado pela FIA/FEA-USPpara a SUDAM, coordenado pela profª Rosa Maria Fischer, 1996.
6. Umberto G. Cordani; Jacques Marcovitch; Eneas Salati (organizadores e co-autores), "RIO92 — Cinco Anos Depois. Avaliação das Ações Brasileiras em Direção ao Desenvolvimento Sustentável Cinco Anos após a RIO-92", São Paulo, ABC — Academia Brasileira de Ciências/ IEA/USP— Instituto de Estudos Avançados/ FBDS— Fundação Brasileira para o Desenvolvimento Sustentável, 1997.
7. Lindolfo G. Albuquerque, "Estratégia de Recursos Humanos e Competitividade", *in Administração Estratégica: Questões sobre Qualidade, Recursos Humanos e Ambiente Empresarial,* São Paulo, Makron Books, no prelo (1997).
8. Jacques Marcovitch, "International Perspectives on Managers in a Dual Society", Glendale, *The International Executive,* vol. 35(2): 173-186, mar./abr 1993.
9. Marie-Chantal Collaud, *Comment Créer et Animer une Association,* Lausanne, Éditons Réalités Sociales, 1993.
10. USP Serviços, *Educação* (catálogo de serviços oferecidos pela Universidade de São Paulo para escolas de 1º e 2º graus), Coordenadoria Executiva de Cooperação Universitária e de Atividades Especiais —CECAE, 1995.
11. Universidade de São Paulo/Pró-Reitoria de Cultura e Extensão Universitária, *Projeto Universidade Aberta à Terceira Idade,* 1997 — 1º semestre — coordenadora acadêmica: profª Ecléa Bosi.
12. Claudio Zaltzman e Paulo C. Motta, "Segmentação de Mercado dos Consumidores mais Velhos segundo seus Perfis de Estilo de Vida", *Revista de Administração,* vol. 31, n. 4, São Paulo, out./dez/1996.
13. Jacques Marcovitch (org.), *Tecnologia da Informação e Estratégia Empresarial,* São Paulo, Futura, 1997.

ORGANIZAÇÃO SOCIAL E DESENVOLVIMENTO SUSTENTÁVEL: PROJETOS DE BASE COMUNITÁRIA[1]

*Marcos Kisil**

*Diretor Regional para América Latina e Caribe, W. K. Kellogg Foundation, Battle Creek, Michigan.

Introdução

O tópico do desenvolvimento é um assunto de interesse geral para os governos do Terceiro Mundo, agências internacionais financiadoras, para investidores e, o mais importante, para as pessoas comuns das comunidades excluídas. Quando se observa os países ditos em desenvolvimento, encontram-se diferenças significativas tanto entre como dentro desses países. Entre essas diferenças, seguramente a mais importante, está a oportunidade que as pessoas têm de poderem decidir sobre seus próprios destinos, influenciar as decisões públicas e, assim, poder participar de atividades que afetam seu desenvolvimento e qualidade de vida. Acreditamos, que, para que um processo de desenvolvimento sustentável se instale, seja necessário: 1) a participação de cada cidadão é essencial; 2) esta participação exige a conformação de organizações sociais que são responsáveis e receptivas aos seus membros; 3) a variedade de interesses e necessidades de cada sociedade, ou de cada comunidade, exige uma variedade de organizações; e 4) uma forma particular de colaboração entre essas organizações é necessária para o processo de desenvolvimento, e isto dependerá da experiência local específica, das tarefas a serem realizadas e do meio ambiente político-administrativo-econômico.

Neste documento, vamos explorar alguns elementos que contribuem para a formulação de uma base conceitual para se entender o processo de institucionalização /sustentação do processo de desenvolvimento. Estes elementos foram identificados a partir da experiência colhida entre as iniciativas de base comunitária, ou projetos comunitários de desenvolvimento, e suas relações com as mudanças sistêmicas da sociedade. Ou, como tal perspectiva poderia minimizar a distância entre os microesforços e os macroresultados. Para tanto é necessário conhecer o processo de institucionalização das idéias e ações que mudam positivamente a qualidade de vida de um número limitado de pessoas numa comunidade em particular; e como estes projetos de base comunitária, inseridos em sociedades favoráveis a mudanças locais, podem influenciar mudanças sistêmicas apropriadas, através de políticas públicas que propaguem tais idéias e ações, estendendo as oportunidades de mudança a todos os cidadãos de um país.

Entender o processo de desenvolvimento e sua sustentação têm sido dois dos principais desafios — e portanto fontes de debate — dos profissionais e pensadores do desenvolvimento durante a última década.

Por um lado, a sustentação é um conceito que, enquanto originado no debate ecológico, tem sido usado freqüentemente na área social para apontar os problemas dos esforços a longo prazo do desenvolvimento humano.[2] Porém, atualmente a literatura é muito rica em definições dos conceitos de sustentação e desenvolvimento sustentável.[3] Isto em parte reflete as diferenças na percepção que diferentes disciplinas têm trazido ao assunto. Usando o critério da igualdade entre as gerações, diremos, no sentido mais geral, que o desenvolvimento é sustentável se ele pode dar aos membros da próxima e das futuras gerações um nível de "desenvolvimento" *per capita* igual ou superior àquele adquirido pelos membros da geração atual.[4] Outro sentido da sustentação conduz à identificação dos elementos de relacionamento entre o micro e o macroníveis de desenvolvimento social, trazendo para uma escala maior os sucessos limitados dos projetos de microdesenvolvimento.

Outro aspecto importante a ser considerado dentro do desenvolvimento sustentável é a exigência de elementos essenciais como: (a) investimento público em infraestrutura física e social, apontando particularmente às necessidades nas áreas de saúde e saneamento, educação básica, moradia e transporte; (b) um processo político que garanta a participação do cidadão, especialmente daqueles até então excluídos do processo de desenvolvimento — este processo deveria capacitar os indivíduos e as organizações da comunidade a atuar ativamente na identificação e na solução de seus próprios problemas; (c) tecnologias adequadas às circunstâncias e aos problemas a serem enfrentados, e às possibilidades dos indivíduos e das organizações de terem acesso a elas — a identificação e seleção das tecnologias apropriadas a serem desenvolvidas ou adaptadas e adotadas por comunidades para resolverem seus problemas são essenciais para o processo de desenvolvimento; e (d) existência de instituições e organizações, do setor público e privado, competentes, democráticas, eficientes e eficazes, e operando em vários níveis.

De modo geral, a literatura acadêmica sobre o desenvolvimento tem se concentrado nos primeiros componentes descritos. Os aspectos institucionais e organizacionais do desenvolvimento têm recebido menos atenção do que merecem. Porém, sem uma estrutura institucional, a infraestrutura não poderá ser construída ou mantida, os serviços públicos não poderão ser fornecidos ou bem utilizados e a tecnologia apropriada disponível não será usada da melhor forma. O processo de desenvolvimento sustentado exige que idéias e ações sejam institucionalizadas por diferentes organizações, quer pertençam ao governo, ao setor privado (mercado) ou ao setor não-governamental, voluntário. Em tais termos, os conceitos de institucionalização são muito similares à sustentabilidade do processo de desenvolvimento.

Em resumo, o documento apresentado pretende organizar uma estrutura lógica para entender o papel dos projetos de base comunitária em provocar mudanças sistêmicas que apóiem o desenvolvimento sustentável para toda a sociedade.

Desenvolvimento: idéias básicas

O debate sobre o objeto do desenvolvimento pode ser resumido em se considerando duas posições principais. A primeira posição leva em conta os resultados do desenvolvimento em termos de objetivos como *crescimento,* ou *igualdade,* da geração e distribuição da renda ou de bens e serviços sociais básicos. A segunda posição está relacionada com o próprio processo de desenvolvimento, estando preocupada com a intensidade com a qual estas atividades são direcionadas e gerenciadas pelas institutições governamentais, e não-governamentais, na participação dos setores públicos e privados, na relação entre os poderes federais, estaduais e municipais, no próprio papel do cidadão como co-partícipe das decisões sobre desenvolvimento.

Os debates sobre a importância dessas duas posições podem ser encontrados nas diferentes concepções sobre desenvolvimento que se deram ao longo da história. Pode-se identificar quatro fases no processo histórico recente sobre o desenvolvimento desde a metade dos anos 50, cada qual caracterizada por uma abordagem principal e um ator participante-chave.

A primeira fase, que se iniciou no pós-guerra dos anos 50, e que durou até meados dos anos 60, ganhou seu nome na nomenclatura do desenvolvimento como a fase do efeito *trickle down*, ou seja, do desenvolvimento progressivo, escalonar, desde que o governo, ator principal do desenvolvimento, estabelecesse políticas de crescimento econômico que, uma vez conseguido, resultaria numa maior riqueza a ser distribuída por toda a sociedade. Para tanto seria necessário que o governo agisse escolhendo seletivamente as áreas de desenvolvimento econômico, e provesse os recursos necessários para que organizaçãos, públicas ou privadas, e indivíduos empreendedores assumissem o processo produtivo. O conceito de administração do desenvolvimento emergiu assim nesse período. Isso denotou a possibilidade de um tipo qualitativamente diferente de administração governamental: flexível e inovadora. Isso também abriu caminho para um envolvimento direto do governo numa ampla série de atividades produtivas, regulando ou se tornando produtor direto. O resultado desta fase foi um crescimento gigantesco do Estado como o grande responsável pelo processo e pela distribuição dos resultados do desenvolvimento.

A segunda fase — que pode ser chamada de *desenvolvimento integrado* — foi um resultado do entendimento de que "desenvolvimento" não poderia ser concebido somente como crescimento econômico. Deveria ser obrigatoriamente acompanhado da distribuição eqüitativa dos resultados deste crescimento pela sociedade. Os analistas começaram argumentar que crescimento sem eqüidade era crescimento sem desenvolvimento. Considerações sobre eqüidade também significavam maior atenção aos assuntos de desenvolvimento social. Assim, os governos dos países em desenvolvimento e as agências internacionais de desenvolvimento passaram a realizar investimentos nas áreas de saúde e educação, por exemplo, respondendo à noção emergente de que, sem suas necessidades básicas satisfeitas as pessoas não podiam participar efetivamente do desenvolvimento nacional. O segundo período foi de fato uma continuação lógica do primeiro. Ambos se caracterizaram por uma forte crença no governo como o participante-chave, responsável inicialmente só pelo crescimento, mas subseqüentemente por uma série muito mais ampla de atividades de desenvolvimento.

Esse conceito de uma abordagem integrada resultou em vários programas de desenvolvimento rural que até hoje são encontrados em vários países da região. Isso confirmou o papel crucial do governo, mas enfatizou também a importância de se abordar a população rural não só como produtores rurais, mas como parcela importante da sociedade, que tinha necessidades básicas a serem satisfeitas.

A passagem da segunda para a terceira fase histórica do desenvolvimento é muito mais dramática, refletindo a mudança de entendimento que se seguiu à primeira crise do petróleo em 1973. Esta crise diminuiu dramaticamente a capacidade dos governos em atender as necessidades do processo de desenvolvimento. Assim, as sociedades nacionais tiveram que desenvolver alternativas para o processo de desenvolvimento. Esta procura de alternativas tornou-se uma questão de sobrevivência. Economias e organizações paralelas desenvolveram-se em resposta à crise, de modo a lidar com a série de atividades previamente ofertadas por instituições públicas. No nível de comunidades locais começaram a surgir possibilidades novas para o processo de desenvolvimento. As pessoas redescobriram que podem fazer coisas por si próprias, individualmente como empreendedores, ou organizados em grupos ou comunidades. A esta situação nova, governos e agências financiadoras passaram a dar mais atenção ao seu papel de orientadores, e não mais diretores, do processo de desenvolvimento. Assim, foi, por exemplo, introduzida a idéia de desenvolvimento à escala apropriada, de modo a facilitar as iniciativas e crescimento locais. A crise econômica no final dos anos 70 e começo dos 80 mudou a discussão sobre o desenvolvimento: de uma visão central e globalizante para uma visão local e apropriada para cada comunidade.

Seria errado presumir, contudo, que as atividades locais poderiam prosperar sem o apoio de estruturas externas. É por isso que se entra na quarta fase histórica do processo de desenvolvimento, que é caracterizada pela criação de novas estruturas de apoio para o desenvolvimento local, sem a ajuda do governo. Os governos centrais deixaram como legado uma burocracia pesada, acostumada a agir no seu próprio ritmo e no seu próprio interesse. Assim, os esforços locais espontâneos não poderiam esperar muito apoio e encorajamento. Por isso, surgem novos atores, organizações não-governamentais que se tornam participantes-chave neste processo de desenvolvimento. Elas geralmente passam a dar incentivo e apoio para as iniciativas locais, de maneira ágil, apropriada e pronta, seja através da provisão ou acesso ao crédito, aconselhamento técnico, propiciando acesso a informação para decisões, treinando recursos humanos. Alguns também se engajam na formação de liderança e capacidade de gerenciamento no nível de comunidade.O enfoque dominante é o de criar um *meio ambiente favorável* ao processo de desenvolvimento. Um meio ambiente favorável é portanto um meio que promove a igualdade de oportunidades para

para que cada membro da comunidade participe de seu próprio processo de desenvolvimento através de organizações que representam seus interesses, e que permitem controlar seus destinos. Tal meio ambiente deveria facilitar ao cidadão o acesso a processos e estruturas de tomada de decisão que afetem sua qualidade de vida.

O entendimento das quatro fases acima descritas é essencial na revisão da situação atual dos países em desenvolvimento, especialmente na América Latina e Caribe, onde estas quatro fases se mesclaram em momentos históricos diferentes, e onde governos autoritários tomaram decisões de Estado, evitando a participação das comunidades locais e o exercício da própria cidadania. Assim, se faz necessário conhecer qual o papel que poderia ser exercido pelos diferentes atores do processo de desenvolvimento: governo, o setor privado e as agências não-governamentais, conhecidas como do Terceiro Setor, para criar um meio ambiente favorável para o desenvolvimento sustentável.

Os principais participantes do desenvolvimento

Os problemas da pobreza são de natureza universal. Nos países em desenvolvimento, estamos lidando com o problema da maioria pobre da população. No caso dos países desenvolvidos, o desenvolvimento lida essencialmente com as minorias mais pobres e essa é uma diferença importante para se considerar. Entretanto, podemos aprender muito em ambas as situações, nas quais é importante identificar os participantes-chave do processo de desenvolvimento. Tradicionalmente eles são: o setor do governo, o setor privado e o setor não-governamental, voluntário, privado. Eles são conhecidos, respectivamente, como Primeiro, Segundo e Terceiro Setores da sociedade.

O Primeiro Setor conta com mecanismos burocráticos e busca uma concordância forçada de toda a sociedade para com as decisões do governo, que usa de seu papel regulador e responsável pelo cumprimento das decisões legais. As decisões são tomadas por administradores e burocratas eleitos de acordo com políticas, e/ou princípios e critérios técnicos, seguindo objetivos políticos dos detendores do poder. O setor governamental tem uma série de vantagens relativas ao cumprimento de suas obrigações. Particularmente pelo seu poder em estabelecer políticas públicas, incluindo aquelas que mais diretamente afetam o processo de desenvolvimento.

O Segundo Setor conta com os mecanismos do mercado para participar do processo de desenvolvimento. As decisões são deixadas para os indivíduos, que calculam a vantagem privada sem referência explícita a interesses mais amplos ou aos bens públicos. O setor privado é geralmente o maior setor em qualquer país. Ele abrange os produtores agrícolas, microempresários, industriais, comerciantes, banqueiros e outros, cujas atividades principais consistem em produzir mercadorias e serviços, gerando assim emprego, produção, renda.

O Terceiro Setor refere-se a um conjunto de iniciativas *privadas com fins públicos.* Essas iniciativas podem ser observadas através de movimentos, associações e organizações não-governamentais — ONGs. Este setor confia mais nos mecanismos voluntários, de solidariedade humana, apelando para o senso de interesse público. Para a comunidade, a sustentabilidade de qualquer processo de desenvolvimento confia muito na capacidade de reconhecer e encorajar o senso de trabalho voluntário de seus membros.

A tabela 1 mostra como os três setores podem contribuir, de acordo com algumas variáveis essenciais, quando eles se associam ao processo de desenvolvimento:

Tabela 1 : Abordagens combinadas para o desenvolvimento da comunidade

	Governo	Mercado	Terceiro Setor
Mecanismo principal	estruturas democráticas	interações de mercado	associações voluntárias
Tomada de decisão	funcionários eleitos, administradores	produtores individuais, consumidores, investidores	líderes e membros
Guias para comportamento	regulamentos	preços	acordos
Critérios para tomada de decisão	política	eficiência	interesse dos membros
Modo de operação	de cima para baixo	individualista	de baixo para cima

É interessante notar que o *desenvolvimento da comunidade* pode tornar-se um assunto que obrigue os três setores a trabalharem juntos para o benefício social. Cada um tem forças, assim como fraquezas. A tentação de justificar um deles apontando as deficiências evidentes nos outros deveria ser combatida. É mais sensato procurar conhecer a ação complementar que podem ter entre si, e tirar vantagem do que cada um pode fazer melhor. O governo pode estabelecer políticas e regulamentos que criem um meio ambiente favorável para as iniciativas locais. O mercado pode contribuir com o processo produtivo, gerando empregos e oferecendo mercadorias e serviços. O Terceiro Setor pode melhor representar as pessoas comuns que vivem alijadas do processo de decisório que afeta suas vidas. Os serviços de desenvolvimento incorporam aqui todos os serviços que podem capacitar as comunidades para o seu desenvolvimento sustentável. Eles podem variar desde os serviços humanos tradicionais até ao acesso às oportunidades econômicas, ao treinamento da liderança, às oportunidades para resgatar a cidadania etc.

Recentemente, na América Latina, os governos têm mostrado uma maior abertura para apoiar a cooperação entre os grupos de cidadãos que são parte do Terceiro Setor. Uma razão para tal comportamento é que a provisão dos serviços públicos pelas agências do governo pode ser facilitada por informações mais precisas e representativas sobre as necessidades e prioridades atestadas por organizações da comunidade local, bem como por sua ação articulada potencializam a ação governamental. O Terceiro Setor está também sendo beneficiado pelas recentes discussões sobre a responsabilidade social das empresas privadas. Por serem também parte da comunidade, e por serem geradoras de riqueza, elas podem ter atuação importante em viabilizar o apoio às iniciativas públicas e do Terceiro Setor para a melhoria de vida das pessoas. Essas mudanças estão abrindo caminho para as formas mais amplas e inovadoras de interação entre os membros da comunidade, o governo e o mercado. Mas é necessário reconhecer que tal processo não é fácil. Conflitos de interesses, a luta pelo poder, acordos corporativos são alguns dos problemas comuns enfrentados pelas comunidades para alcançar o processo de desenvolvimento.

Em resumo, o processo de desenvolvimento deve ser sustentado por mecanismos de interações e de complementariedade entre os diferentes setores da sociedade, buscando maior eficiência e eficácia na geração e uso de recursos disponíveis. Essas relações devem se dar horizontalmente entre organizações do nível local, e verticalmente entre as organizações locais e de nível mais alto, que fixam a política e distribuem os recursos essenciais ao sucesso do desenvolvimento. Somente através dessas interações que que seria possível acreditar que experiências locais de desenvolvimento poderiam contribuir para a formulação de políticas públicas que trouxessem mudanças nos sistemas sociais.

Desenvolvimento e mudança sistêmica

O desenvolvimento de qualquer comunidade ou sociedade é sempre um processo. Como tal, implica a existência de uma dinâmica que se reflita numa melhoria de vida contínua para todos os seus membros, na qual a mudança de um estado para outro é uma característica permanente. Se tal processo de mudança pode afetar indivíduos e organizações no nível local, também afeta todos os sistemas sociais de um país ou de uma comunidade específica. De um modo lógico, os próprios sistemas sociais mudados continuarão a promover novas mudanças, para que indivíduos e organizações continuem num processo de desenvolvimento social cada vez mais elevado, e atendendo novas necessidades individuais e sociais. Assim, o entendimento do que é mudança está no cerne do entendimento do que é desenvolvimento.

Acredita-se que toda mudança específica tenha seu próprio objetivo, direção, magnitude, ritmo e duração perceptíveis. Se é possível conhecer essas características do processo de mudança, seria possível melhor preparar-se para ela e fazer uso dela. Para se reconhecer os padrões da mudança, Martel considera que há dois tipos básicos de mudança: estrutural e cíclica.[5]

A Mudança Estrutural é uma transformação fundamental de alguma atividade ou instituição a partir de um estado anterior. Resulta numa mudança na qualidade essencial, é irreversível e exige um ajuste permanente. Seu padrão é: começa devagar, se adianta rapidamente e então, finalmente, atinge um equilíbrio, quando então se está de novo sobre um ponto que requer um novo ajuste estrutural. É necessário reconhecer-se que as mudanças estruturais geralmente exigem o abandono de velhas instituições, relacionamentos e procedimentos e a sua substituição por outros totalmente novos.

A Mudança Cíclica é uma mudança temporária numa certa medida ou condição a partir de um nível ou estado, para os quais é provável que se retorne mais tarde. Durante um certo período, as mudanças cíclicas seguem um padrão perceptível em suas flutuações, retornando regularmente aos estados anteriores. Geralmente não causam qualquer alteração na estrutura das instituições nas quais estão ocorrendo. As mudanças cíclicas são mudanças que ocorrem na operação das instituições, e não na sua forma.

Porém, para se determinar o tipo de mudança que é proposto por um projeto específico de desenvolvimento, é essencial estabelecer o potencial de sustentabilidade da idéia. As mudanças propostas, oferecidas para mudar a vida de um indivíduo, uma organização ou toda uma comunidade, podem ser estruturais ou cíclicas.

Se a mudança proposta for estrutural, as chances de sustentabilidade serão maiores; se for cíclica, as chances serão muito mais limitadas. De qualquer maneira, é necessário examinar o que está causando a mudança e que resultados ela está produzindo. Se a causa for algo novo e a mudança resultante for qualitativa ou aumentar permanentemente as capacidades para se atingir certos objetivos e especialmente se o resultado significar que se atingiu um novo nível ou *status*, do qual não haverá recuo, então a mudança será quase seguramente estrutural e auto-sustentável.

Por outro lado, se uma mudança é provocada por razões que já ocorreram anteriormente, porém tiveram descontinuidade quando essas razões cessaram, não provocando mudanças permanentes, e os resultados das mudanças foram exclusivamente quantitativos (por exemplo, algumas pessoas a mais conseguindo acesso a um serviço ou a um bem específico só porque mais recursos foram adicionados a um determinado projeto), sem aumento permanente da capacidade de produção, e com a probabilidade do mesmo resultado só ser obtido novamente se os mesmos recursos adicionais forem colocados à disposição, então a mudança é quase com certeza cíclica, resultando numa remota possibilidade de ser auto-sustentável.

Os projetos de desenvolvimento da comunidade geralmente se valem de circunstâncias e oportunidades que podem levar a mudanças estruturais ou a mudanças cíclicas. Normalmente, estas circunstâncias e oportunidades são identificadas por indivíduos ou um grupo de indivíduos e organizações que percebem um problema social e decidem solucioná-lo através de uma série de ações articuladas. Tais agentes promotores de mudanças podem ser localizados numa pequena organização de origem popular (como uma associação de bairro), ou numa agência com um papel social bem definido na comunidade (como uma escola, hospital), ou numa agência governamental local. Em todos esses casos, podemos dizer que tais projetos são de base comunitária. Em outras ocasiões, os esforços são feitos por organizações localizadas fora da comunidade, mas tendo um interesse genuíno na melhoria de sua qualidade de vida. Neste caso, diremos que tais projetos são orientados para a comunidade. Mas, para se ter tal desenvolvimento auto-sustentável, deveria ser feito um esforço articulado para mudar todo o sistema, trazendo novas políticas públicas que afetam comunidades específicas dentro de uma mesma sociedade. Assim, qualquer que seja o projeto de desenvolvimento, o seu sucesso deve ser medido pela capacidade de se tornar um motivo para mudanças estruturais.

Qualquer que seja a mudança provocada por um processo de desenvolvimento, ela sempre diz respeito a uma série de assuntos que incluem a identificação das circunstâncias e oportunidades para mudar, reconhecer as forças desestabilizadoras, decidir sobre a conveniência da mudança, organizar-se para gerenciar a mudança, selecionando os métodos apropriados para serem usados, planejando as estratégias mais eficientes e implementando-as com as táticas corretas.

Normalmente, quatro aspectos principais podem se tornar objeto da mudança dentro de um processo de desenvolvimento:[6]

- o modo como uma pessoa exercita sua cidadania ou o modo como ela executa um trabalho específico, alterando seu comportamento no trabalho individual; por exemplo, quando as pessoas decidem valorizar uma necessidade particular para fazer dela um assunto político, que exige trabalho voluntário para ficar organizado, ou fazer *lobby* com seu representante no Congresso;
- o modo como toda uma sociedade se organiza para apontar o processo de desenvolvimento, remodelando as organizações existentes ou criando outras novas; em outras palavras, alterando os processos organizacionais. O recente fenômeno do crescimento e desenvolvimento das ONGs e OVPs (organizações voluntárias privadas) são bons exemplos de tais novos processos organizacionais;
- o modo como a sociedade coloca novas direções estratégicas para o benefício comum, exigindo mudanças nas diferentes organizações para se tornarem participantes eficientes do processo de desenvolvimento, alterando suas próprias direções estratégicas. Por exemplo, na América Latina, a política de descentralização da tomada de decisão, levando ao nível municipal a obrigação de decidir sobre problemas como o de saúde e educação, está levando a uma profunda reforma de organizações locais, bem como a enorme dificuldades para vencer a pesada burocracia federal que se imagina perdendo poderes; e
- o modo como alguns valores básicos sobre o bem comum são compartilhados entre as diferentes organizações participantes, apontando a um conjunto comum de valores introduzidos pelo processo de desenvolvimento, conduzindo à mudanças na cultura das organizações e na cultura da própria comunidade. O aceitamento ou rejeição de tais valores podem levar ao encorajamento ou à resistência à mudança.

Os aspectos das mudanças acima descritos são encontrados dentro do processo de desenvolvimento da cada comunidade. Todos eles, embora conduzam a alguma redistribuição do poder dentro da sociedade, na verdade buscam mais do que isso. Buscam um crescimento do poder local para conduzir os seus destinos, com o fortalecimento da cidadania e de cada organização participante. Maior poder significa maior controle, autoridade, domínio sobre o processo de desenvolvimento.

O Terceiro setor: uma tipologia

Generalizações sobre o Terceiro Setor fluem livremente na literatura. Há uma imensa variedade de organizações que estão colocadas sob o mesmo rótulo. O termo "organização não governamental, ou ONG, cobre uma variedade de organizações muito diferentes, como sindicatos, instituições religiosas, fundações, partidos políticos, organizações esportivas e grupos comunitários, até organizações de desenvolvimento. Não há dúvida de que existe um imenso conjunto de esforços por parte de pessoas comuns para lidar com uma grande variedade de problemas identificados localmente.

As seguintes características são geralmente mencionadas quando se analisam as organizações do Terceiro Setor, comparando-as com outros tipos de organizações:

- elas não têm fins lucrativos, sendo organizações voluntárias, no sentido de que não são organizações estatutárias emanadas do setor governamental;
- são formadas, total ou parcialmente, por cidadãos que se organizam de maneira voluntária;
- o corpo técnico normalmente resulta de profissionais que geralmente se ligam à organização por razões filosóficas e tem um forte compromisso com o desenvolvimento social ;
- são organizações orientadas para a ação; são flexíveis, inovadoras, rápidas e próximas às comunidades locais; e
- geralmente fazem um papel intermediário: ligam o cidadão comum com entidades e organizações que podem participar da solução de problemas identificados. Assim, se por um lado fornecem algum tipo de serviço à comunidade, por outro têm que procurar fundos para seus programas em diferentes fontes de financiamento (o público em geral, doações, governo).

Um modo de facilitar o entendimento de tal diversidade é classificar as organizações em três categorias, de acordo com o tipo de serviços que elas mais prestam. As três categorias de organizações no Terceiro Setor são : l) organizações de advocacia, quando seu maior objetivo é fazer *lobby* para defender interesses, ou lutar por problemas específicos, ou grupos específicos da sociedade; 2) organizações de caráter técnico, que fornecem informações, serviços de consultoria, acesso a determinadas tecnologias, ou programas de capacitação de recursos humanos, objetivando ajudar outras associações ou grupos sociais a obter o nível apropriado de operação, ou de organização, ou de alcançar os recursos exigidos para subsistir — normalmente, essas organizações são chamadas organizações intermediárias; e 3) organizações prestadoras de serviços, que tendem a se concentrar num número limitado de áreas, particularmente no desenvolvimento dos serviços que atendem as necessidades humanas básicas, como educação, saúde, habitação, bem-estar social, geração de oportunidades de emprego.

A natureza das atividades de algumas organizações pode ser entrelaçada de um tal modo que não podemos usar um único tipo para classificá-las. A mesma organização trabalha prestando um serviço, monta sistemas de informações e especialização técnica sobre uma área específica de interesse social e é muito ativa em fazer *lobby* para a melhor participação das pessoas na sua área de interesse.

Por um lado, tais organizações são às vezes rotuladas como "organizações não-governamentais", de modo a serem diferenciadas das agências que pertencem ao governo. Mas está claro que, se considerarmos um espectro de possibilidades diferentes, podemos achar num extremo uma organização de defesa, como um partido político que está lutando para ganhar uma eleição para tornar-se governo. Seu maior interesse é cooptar o governo ou o primeiro setor. Por outro lado, podemos encontrar organizações que distribuem serviços, como educação elementar, que sobrevive baseada nos subsídios ou pagamentos feitos pelo governo. Neste caso, o governo coopta o Terceiro Setor.

A figura l sintetiza a situação acima descrita, na qual a relação entre as organizações governamentais e não-governamentais e seus limites imprecisos em ambos os extremos mostram como essa *inter-relação* pode estar entrelaçada. Também é importante notar que as organizações que fazem um papel consultivo, através da provisão de informações ou assessoria técnica, têm um nível diferente de independência, mantendo alguma distância do governo, e interagindo através de outras ONGs que recebem sua influência.

Figura l. Relacionamento entre as organizações governamentais e não-governamentais

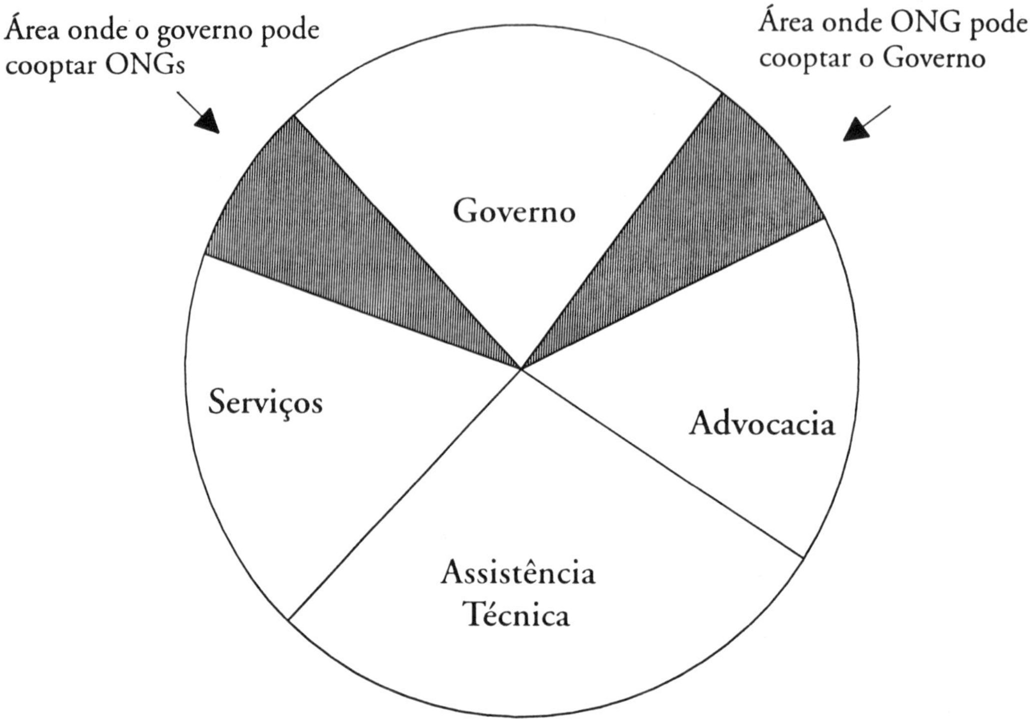

David Korten argumenta que têm havido, ou há, três gerações de ONGs:[7]

- Geração um: foram estabelecidas com o objetivo de prestar assistência e bem-estar, em resposta a situações de emergência;
- Geração dois: eram organizações de desenvolvimento local em pequena escala, que foram estabelecidas baseadas na teoria de que a melhoria sustentável no nível dos pobres dependem do aumento de sua capacidade em encontrar suas próprias necessidades, com seus próprios recursos; e
- Geração três: são criadas como parte de sistemas sustentáveis de desenvolvimento, nos quais o autodesenvolvimento depende de sistemas que unem as organizações públicas e privadas, integrando as iniciativas locais num meio ambiente de apoio para o desenvolvimento.

Neste sentido, as ONGs podem ter um papel cada vez mais catalítico ou facilitador, para realizar uma política e uma mudança estrutural através da colaboração entre o governo e uma ampla série de organizações privadas com ou sem fins lucrativos. Korten sugere que a competência estratégica, embora útil para a primeira e a segunda gerações de ONGs, é essencial para a terceira geração.

Desenvolvimento e governança a nível local

Como foi dito anteriormente, qualquer projeto de desenvolvimento da comunidade que almeja ser bem-sucedido deve ter suas idéias e atividades institucionalizadas de algum modo, estabelecendo assim as bases para o processo de desenvolvimento sustentável. O processo deve cooptar a atenção e reconhecimento dos outros participantes da sociedade, envolver mais pessoas como voluntários, assegurar fundos para a implementação das ações ou influenciar os governos a criar um meio ambiente favorável para o próprio processo de desenvolvimento social. No nível de uma comunidade, a solução de um problema específico em qualquer campo de interesse (por exemplo saúde, educação) abre oportunidades para se mobilizar a sociedade local, unindo, desse modo, os recursos que, bem gerenciados, podem ser a semente para novos empreendimentos. Se considerarem essas atividades como parte integral de um projeto — e não como um resultado — cada sociedade local pode conscientizar-se do potencial que têm às mãos para controlar o seu próprio processo de tomada de decisão.

O envolvimento de diferentes participantes sociais, com seus recursos e capacidades específicos, é um ponto central para sustentabilidade de um projeto de desenvolvimento no nível local, e o passo inicial para a sua expansão. Se o projeto permanece isolado e confinado a uma organização particular ou a indivíduos que são "donos" dele, provavelmente terá menos chance de sustentabilidade e crescimento depois que os fundos externos terminarem. Ao contrário, se ele é bem-sucedido em estabelecer uma coalizão de diferentes organizações para o seu apoio, assumindo uma base institucional maior, com diferentes "proprietários" do projeto, serão também aumentadas as chances do projeto ter influência sobre o meio ambiente, provocando mudanças estruturais que criam ambientes mais favoráveis ao desenvolvimento social.

A extensão e a eficácia das coalizões entre as instituições e organizações de nível local são de importância-chave. Estas coalizões criam uma governança local para o processo de desenvolvimento (ligações horizontais). Neste caso, o termo governança local é entendido como uma maneira de decidir sobre o futuro de uma comunidade através do reconhecimento de que diferente atores governam diferentes interesses. Através da construção de coalizões, envolvendo os três setores sociais anteriormente descritos, embora reconhecendo que cada organização participante exerça o seu poder formal e real só sobre os membros de sua organização particular, criam-se as condições para estabelecer um processo decisório que atenda o bem comum da coletividade. Neste caso, o poder para governar não é só do Primeiro Setor (governo), e sim de toda a sociedade representada pelas organizações participantes da coalizão, ampliando o sentido de governo local para uma governança local. São também críticas as coalizões entre as organizações locais e organizações de fora da comunidade, especialmente aquelas com organizações que determinam o aparecimento de políticas públicas e que distribuem recursos essenciais para um processo de desenvolvimento bem-sucedido, criando um meio ambiente favorável ao processo de desenvolvimento (ligações verticais). Estas coalizões facilitariam a disseminação de experências exitosas, abrangendo mais beneficiários, ou criando condições para reproduzi-la em outras estruturas, através da transformação de seus conceitos e idéias básicas em políticas públicas a serem aplicadas a toda a sociedade.

Para o sucesso de um processo de governança local, é essencial o grau de compromisso das organizações com o bem comum. Os parceiros ou membros da coalizão para o desenvolvimento devem definir claramente sua missão e objetivos em comum e assegurar que os objetivos identificados incorporem os interesses específicos de cada organização, porém dentro da realização de objetivos maiores de toda a coletividade. A construção da coalizão exige boa vontade para se colocar de lado agendas pessoais em favor do bem comum. Na composição de coalizões, são usadas, muito freqüentemente, as palavras "cooperação", "colaboração" e "coordenação". Elas têm significados diferentes:

- cooperação é, no sentido mais amplo, uma atitude ou uma postura. Ela impõe um reconhecimento positivo da necessidade de algum nível de interação que favorece a "causa" de se trabalhar juntos. É um pré-requisito crucial para mover-se mais adiante, mas representa o nível mais básico de compromisso e geralmente é mais discurso que ação;
- colaboração implica relacionamento efetivo de trabalho, uma parceria na qual dois ou mais grupos estão fazendo algo juntos, mas mantendo

sua independência, já que cada um está buscando a realização de seus próprios interesses; e

- coordenação sugere também um processo efetivo de trabalho conjunto, porém com a perda da independência das organizações participantes. O trabalho conjunto exige a definição de parâmetros comuns. Cada organização decide sacrificar seus interesses e benefícios particulares pelos interesses comuns, como é definido pelos membros da coalizão.

Está claro que um processo do governança local exige um processo bem definido de coordenação entre as organizações ou agências participantes da coalizão. Este processo é penoso, longo, exige confiança mútua entre as organizações. A estrutura organizacional do grupo e os modos de operação devem ser claros, valorizando as competências específicas, bem como buscando a potencialização dos recursos existentes na comunidade, para que se possa sustentar efetivamente o processo de desenvolvimento. Cinco elementos podem ser identificados para o sucesso de uma coalização para o desenvolvimento local: liderança, processos de tomada de decisão, comunicação entre os participantes e com a comunidade, recursos apropriados e a existência de trabalho em equipe.

Dentro desta estrutura, uma estratégia explícita para a formação de liderança no nível local se torna um instrumento importante para o desenvolvimento. Esta necessidade é grande, especialmente entre os grupos da comunidade que têm sido privados dos direitos civís, e onde o potencial de liderança tem sido muito diminuído e desencorajado. Neste caso, liderança deve ser entendida como um processo evolucionário dentro do grupo, produzindo um movimento na direção dos melhores interesses da sociedade.

A mobilização e o uso efetivo dos recursos, dentro e fora das instituições e organizações participantes, são essenciais. Conduzir um processo de desenvolvimento no nível local exige gastos com pessoas, tempo e recursos financeiros. As mudanças propostas podem falhar se a governança local não considerar que recursos são exigidos, e que deva se conhecer de onde eles vêm e como e quando eles serão aplicados. Procurando os recursos financeiros, além do uso eficiente dos recursos disponíveis, a governança local deveria encontrar novas fontes do dinheiro público ao privado, valorizando o potencial da filantropia local.[8]

Resumindo, para um desenvolvimento sustentável, a governança local deveria ter sua preocupação orientada para alguns aspectos importantes da vida da comunidade:

- oportunidades para o desenvolvimento econômico, através de capitalização própria da comunidade e/ou acesso a recursos mínimos de capital necessários ao próprio processo de desenvolvimento;

- benefícios sociais em termos de educação, saúde, nutrição, abastecimento de água e/ou outras vantagens públicas, refletidas em indicadores sociais como mortalidade infantil, taxa de analfabetismo etc.;

- busca de uma eqüidade na distribuição dos benefícios do desenvolvimento, seja na melhoria da renda individual e familiar, seja na acessibilidade a bens e serviços que atendem necessidades básicas do indivíduo;

- busca da eliminação de discriminação por razões de sexo, raça, idade ou mesmo econômicas, de modo a aumentar as oportunidades de desenvolvimento para grupos que competem em desvantagem por causa da discriminação existente; e

- busca de mecanismos efetivos de participação da comunidade na tomada de decisão que afeta o processo de desenvolvimento, ampliando os espaços para o exercício da cidadania.

Através da governança local, espera-se que o processo de desenvolvimento aumente a eficiência para se usar os recursos disponíveis, distribuir seus ganhos de um modo mais eqüitativo, particularmente para grupos em desvantagem e dar poderes a eles, tornando-os parte do processo de tomada de decisão que afeta sua comunidade e sua qualidade de vida.

Participação da comunidade

Os projetos de desenvolvimento local representam uma oportunidade de se criar cidadãos competentes, com poder e mobilizados para o bem-estar comum da coletividade. É evidente que quanto mais excluída, mais marginal, mais pobre for uma comunidade, mais difícil se torna o exercício da cidadania. Na maioria dos casos, tais comunidades são privadas dos direitos civis — sem poder — geralmente tanto no nível individual como no nível de grupos, ou de toda a comunidade. É nosso entendimento que uma comunidade com poderes é uma comunidade que tem domínio sobre seu desenvolvimento. Tal entendimento exige que se tente buscar em cada comunidade condições mínimas para que se inicie um processo de resgate da cidadania, com base num processo crescente de capitalização, acesso a serviços que atendem necessidades básicas do indivíduo, e acesso a decisões que afetam a qualidade de vida.

Embora haja concordância sobre a importância da participação da comunidade no processo de desenvolvimento, há menos consenso sobre a natureza e o conteúdo do processo de participação. Não há uma interpretação única para se entender o processo de participação que tenha sido aceita universalmente no trabalho de desenvolvimento social. De fato, há uma variedade de interpretações diferentes, cada uma dando origem a uma forma diferente de prática. As três interpretações de participação abaixo, por exemplo, refletem conceitos bem diferentes :

> Participação significa [...] no seu sentido mais amplo, sensibilizar as pessoas e assim aumentar a receptividade e habilidade delas com relação aos programas de desenvolvimento, assim como encorajar as iniciativas locais.[9]
>
> Com referência a [...] participação, ela inclui o envolvimento das pessoas nos processos de tomada de decisão, na implementação de programas [...], na repartição dos benefícios dos programas de desenvolvimento e seu envolvimento nos esforços para avaliar tais programas.[10]
>
> Participação envolve [...] esforços organizados para aumentar o controle sobre os recursos e instituições reguladoras em situações sociais dos grupos ou movimentos excluídos daquele controle.[11]

Essas afirmações testemunham opiniões muito divergentes sobre a natureza da participação. Podemos distinguir duas amplas mas muito diferentes categorias de interpretações: participação como um meio e participação como um fim.

A participação pode ser vista como um meio de se conseguir um objetivo ou propósito fixado. Em outras palavras, é um modo de usar a comunidade para propósitos estabelecidos fora da comunidade. Os resultados da participação são mais importantes que o ato da participação. É um modo de ver a participação como uma técnica de gerência que pretende cooptar cada indivíduo, ou toda comunidade para com sua participação facilitar o sucesso de uma ação. Não é obrigatório que ao final os resultados não tragam benefícios ao participante.

A participação também pode ser vista como um fim em si mesmo. A ênfase é então colocada na participação como um processo no qual a confiança e a solidariedade entre as pessoas são estabelecidas. Não é vista meramente como uma técnica de gerência mas, pelo contrário, como um meio de capacitar as pessoas a se tornarem mais diretamente envolvidas no desenvolvimento. De modo mais geral, a participação como um fim em si mesmo pressupõe o estabelecimento da influência ou envolvimento de baixo para cima, para realizar a mudança nos sistemas sociais existentes.

Uma análise mais detalhada da participação como um processo mostra que ela passa por várias etapas distintas. Em primeiro lugar, pode ser distinguido um estágio de participação marginal, no qual a participação das pessoas é limitada e transitória e tem pouca influência direta no resultado da atividade de desenvolvimento. Num nível seguinte, as pessoas estão envolvidas ativamente em determinar as prioridades e executar as atividades, mesmo que o haja controle externo sobre a sua participação. Finalmente, num último estágio, ocorre a participação estrutural, onde as pessoa têm um papel ativo e direto no processo de desenvolvimento e tem o poder de assegurar que suas opiniões sejam consideradas dentro de um processo decisório.

A participação efetiva vai além do envolvimento neste ou naquele projeto, ou é limitada a uns poucos representantes da comunidade. Num sentido amplo, participação significa que as pessoas são capazes de controlar os acontecimentos e processos que dirigem suas vidas. Por esta definição, a extensão e a qualidade da participação dos cidadãos nos processos políticos, culturais, sociais e econômicos que afetam seu dia-a-dia estão longe do nível desejado. Nos países da América Latina, dezenas de milhões de pessoas continuam sendo excluídas, propositada ou naturalmente, por razões de cor, nacionalidade, etnia, religião, sexo e principalmente pela pobreza. Os pobres constituem o maior grupo de cidadãos excluídos. A pobreza tem levado ao estabelecimento de uma cultura de pobreza, que leva os pobres a aceitar o modo como são excluídos, ou colocar-se uns contra os outros gerando formas de violência e aniquilamento, ou a serem consumidos numa inércia cívica sem esperança. Mudar tal cultura é um esforço adicional do processo de desenvolvimento se se busca um processo sustentável. Felizmente, se assiste hoje na América Latina ao aparecimento de inúmeros pequenos círculos de poder exercidos pela cidadania, apoiados pelos processos de desenvolvimento locais. Círculos pequeninos vindo de baixo, que podem se transformar em movimentos cívicos poderosos para o desenvolvimento de toda a região.

A macroconexão: dos projetos locais às políticas públicas

O processo de tomada de decisão política é um mecanismo complexo que envolve todos os níveis do governo e que deveria envolver uma ampla gama de instituições sociais. O teórico dos sistemas considera a vida política como um "sistema de atividades interrelacionadas".[12] As decisões política devem ser entendidas como processo social que conduz à decisão e à implementação de valores para toda a sociedade. Neste processo, duas forças podem ser reconhecidas: o Estado e suas instituições de governo, que detêm o poder formal de decretar uma política pública; e toda sociedade civil, que progressivamente conta com mais grupos organizados que detêm poder real sobre aqueles cidadãos que a eles aderem voluntariamente. A sociedade civil tem um papel importante numa democracia participativa de decisões sobre políticas públicas.[13]

Na América Latina, por razões históricas e culturais, o Estado representado por governo autoritário e centralizado no nível federal coloca-se em posição contrária ao desenvolvimento local onde os cidadãos comuns têm suas vidas e interesses imediatos, onde as organizações da sociedade civil se encontram, e onde as empresas do setor privado procuram realizar os seus negócios. Por esta razão, o processo de desenvolvimento exige um outro comportamento do Estado, e de seu governo, buscando formas de organização decentralizada e uma melhor articulação com a sociedade civil e com o setor privado produtivo.

Durante a última década, tem se assistido a um crescente movimento para reorientar o processo de desenvolvimento, com a reavaliação das prioridades e objetivos sociais. Os problemas persistentes de desajuste econômico estruturais tem lêvado a uma maior pobreza, e ineqüidade nos acessos a bens e serviços, gerando condições para uma desagregação política e social. Como conseqüência, o processo de desenvolvimento tem reorientado sua ênfase do crescimento econômico para a distribuição de renda e para a satisfação das necessidades humanas. A insatisfação com os modelos parciais tem levado a uma abordagem unificada, na qual os fatores sociais, políticos e econômicos são considerados dentro de uma estrutura de sistemas inter-relacionados

A mudança nas prioridades e um melhor entendimento das causas e dimensões dos problemas do desenvolvimento têm tido uma conseqüência principal: uma nova filosofia de desenvolvimento, colocando a prioridade nas dimensões humanas do desenvolvimento.

Essa abordagem do desenvolvimento reconhece que as *pessoas* são o alvo e também a variável essencial do desenvolvimento, e que o desenvolvimento efetivo passa por novas abordagens para a organização e gerência dos processos de desenvolvimento. Em outras palavras, a política social deve criar maneiras de incentivar, facilitar e guiar a mudança no interior de comunidades locais específicas.[14]

Assim, para que os sucessos conseguidos por comunidades específicas possam ser estendidos ao nível macro — por exemplo, influenciando novas políticas públicas — eles têm que contar com dois elementos-chave: os resultados deveriam ter uma tal qualidade que estendê-los a toda a sociedade possa tornar-se uma exigência de certos grupos; e tal sociedade tem estabelecido um meio ambiente favorável para um processo de tomada de decisão que promova políticas públicas que estendem as lições aprendidas para toda a sociedade. Esse meio ambiente não existe por si próprio mas, pelo contrário, precisa ser criado. Freqüentemente, as organizações locais não estão em condições técnicas e/ou operacionais para agir de acordo com as necessidades acima descritas, e assim precisam do apoio que vem de fora da comunidade, de "outros" agentes do desenvolvimento. Esses "outros" são organizações ditas intermediárias, e que geralmente estão melhor colocadas para influenciar a mudanças na legislação, informar os que tomam decisões sobre resultados conseguidos por projetos específicos, sensibilizar a opinião pública ou fornecer informações conseguidas através de redes de informações formais e informais.

Então, a pergunta é: como um projeto comunitário local pode influenciar uma política pública?

De modo geral, os projetos de desenvolvimento têm quatro características: a) são orientados para um objetivo; b) envolvem tarefas coordenadas de atividades interrelacionadas; c) tem duração limitada, com data para começo e fim; e d) cada projeto, num determinado grau, é único. Os projetos também são diferenciados das rotinas das organizações porque apresentam três restrições: de resultado, de orçamento e de tempo.

A "escalada" das idéias e atividades de um projeto pode ser obtida através de meios diferentes, como esforços em rede entre organizações em níveis diferentes do governo e a transferência sistemática das lições aprendidas. As mudanças dos sistemas necessitam de uma série de atividades articuladas, que iniciadas de baixo para cima, no nível local, exigem a colaboração entre as organizações locais e de fora da comunidade como já foi anteriormente descrito. Se o governo local é importante para tornar possível a manutenção das idéias e atividades no nível local, não menos importante é o apoio que a iniciativa local deveria receber de organizações colocadas num nível de governo hierarquicamente mais alto. Tal nível poderia ser de alcance regional ou nacional. Por exemplo, um projeto desenvolvido no nível local pode gerar um modelo de cuidado primário de saúde que resulte de um esforço de cooperação entre o centro de saúde local, a igreja, a escola pública primária local e o Rotary Clube local. As quatro organizações mencionadas são membros de organizações maiores, que poderiam ser o Ministério da Saúde, a Igreja Católica, o Ministério da Educação e o Rotary Clube Internacional. Tais organizações são decisivas para se fazer *lobby* para a disseminação das idéias do projeto local para toda a sociedade através das políticas públicas. A mudança da governança local para níveis de governança hierarquicamente mais altas exige algumas estratégias de "escalada" para a institucionalização de um projeto.

O papel da liderança

A governança local é um sistema de ação. Neste sentido, a institucionalização de um projeto ou uma idéia representa o processo pelo qual os sistemas de ação representados na governança local adquirem capacidade e competência, aceitação pública, acesso a recursos de operação. De grande importância para a governança local é a qualidade de sua liderança. Algumas idéias básicas sobre liderança e suas tarefas são importantes, pois os líderes motivam as pessoas para agirem; eles proporcionam uma visão para a ação.

Não há dúvida de que certos papéis de liderança com autoridade e responsabilidade delegadas são necessários. Entre outros, é possível distinguir quais são as tarefas com as quais os líderes locais estão envolvidos:

- diagnóstico de necessidades, estabelecimento de prioridades para a ação, planejamento e programação sobre a intervenção desejada, seleção das estratégias e táticas para conduzi-las e a formulação de planos para estabelecer o uso dos recursos e processos para implementar as atividades;
- gerência de conflito: envolve diferentes esforços para se resolver conflitos dentro de diferentes grupos ou segmentos de uma comunidade ou entre as diferentes organizações envolvidas no processo de desenvolvimento;
- mobilização de recursos: uma tarefa-chave é reunir recursos da comunidade para o esforço de desenvolvimento ou buscar recursos de fontes externas à comunidade;
- gerência de recursos: representa a busca de eficiência e correção no uso dos recursos, incluindo a gerência de recursos financeiros, organizacionais e naturais;
- provisão e prestação de serviços que atendam as necessidades básicas atribuídas ao projeto;
- integração de serviços: de modo que eles sejam mais eficientes e eficazes no atendimento das necessidades dos membros da comunidade;

- controle da burocracia: esforços para tornar as agências ou equipes do governo mais cooperativas com e para os membros da comunidade;

Para ser compatível com a abordagem acima mencionada, uma estratégia para se adquirir a sustentação dos esforços de desenvolvimento deveria combinar uma estratégia bem equilibrada da formação de liderança, capaz de agir em nível local/micro e em nível macro. No nível micro é mister garantir a participação total dos membros da comunidade no processo de desenvolvimento. No nível macro é necessário participar do desenvolvimento de políticas públicas que mudem os sistemas e criem um meio ambiente favorável ao desenvolvimento sustentável da comunidade.

Conclusão

A tese deste documento é que muitos grupos estão desenvolvendo independentemente estratégias similares para o desenvolvimento sustentável. Estas experiências apresentam um elemento comum: indivíduos e organizações locais são capazes de iniciar e manter o desenvolvimento de sua própria comunidade.

Uma bem-sucedida teoria do desenvolvimento com base em comunidades, e de origem popular, está ainda sendo construída.[15] Uma crescente coleção de literatura sobre as vantagens e a necessidade do desenvolvimento de baixo para cima aponta os sucessos dessa abordagem e as dificuldades para se expandir tais esforços.

A diferença fundamental entre as estratégias dos atuais projetos de base comunitária e as suposições dos teóricos do desenvolvimento é que os praticantes do desenvolvimento sustentável ainda tratam da emergência de políticas públicas de maneira muito tímida. Uma melhor articulação entre as iniciativas no nível local e as mudanças no nível de sistema deveriam capacitar os líderes locais a emergirem como líderes da mudança dos sistemas. O mito de que o desenvolvimento de base comunitária deve ser sustentado através dos esforços locais deveria ser substituído por um entendimento mais holístico do que é desenvolvimento sustentável, e os diferentes papéis que deveriam ser feitos pelos participantes nos níveis diferentes da organização sócio-política de qualquer sociedade.

Notas

1. Este artigo, em sua versão original, teve a colaboração dos seguintes colegas: Blas Santos, Francisco Bernardini Tancredi, Jana Arraigada, Rosana Rodrigues Spagnolo, Heliodoro Diaz, Andrés Thompson. E, especialmente, Carla Cordery Duprat.

2. Uma das abordagens para a sustentabilidade diz que "Sustentabilidade é uma palavra como democracia, liberdade ou igualdade — uma moldura para a esperança... A sustentabilidade é um embrião, desenvolvendo-se devagar em direção a um modo de vida desejado." Ver Peter Warshal, *The Millennium Whole Earth Catalogue*, editado por Howard Rheingold, Harper San Francisco, 1994, p. 64.

3. Pezzey, J. *Economic Analysis of Sustainable Growth and Sustainable Development.* The World Bank, Environment Department, working paper # 15, março de 1989.

4. Janvry, A., Sadoulet, E. e Santos, B., *Avaliação do Projeto para o Desenvolvimento Rural Sustentável :Notas para o Guia Operacional do IFAD*, documento não publicado, maio de 1993.

5. Martel, Leon. *Mastering Change*, Simon e Schuster, New York, 1986.

6. Connor, P.E. & Lake, L.K., *Managing Organizational Change*, New York: Praeger Publishers, 1988.

7. Korten, David, Micro-Policy Reform: The Role of Private Voluntary Development Agencies in: *Acta of the Conference Development Alternatives: The Challenge for ONGs*. Londres, 1988.

8. Neste contexto, entendemos o conceito de filantropia indo além da tradução literal do termo como "amor à humanidade"; significa a mobilização dos recursos humanos, materiais e financeiros dentro da sociedade civil, para cuidar dos problemas que nem o estado (Primeiro Setor) nem o mercado (Segundo Setor) estão dispostos a ou em condições de atender. Como tal, a filantropia e o voluntariado são parte integral de uma abordagem endógena e sustentável para o desenvolvimento.

9. Lele, U.,*The design of rural development,* Baltimore, MD, John Hopkins University Press, 1975

10. Lisk, F. A. N., Popular participation in basic needs-oriented development planning, *Labour and Society*, 6: 3-14 (1981).

11. Pearse, A.& Stiefel, M., *Inquiry into participation: a research approach,* Geneva, United Nations Research Institute for Social Development, 1979

12. Easton, David, *A framework for the Analysis of Political Systems,* Englewood Cliffs, N.J.: Prentice-Hall, 1965.

13. Easton, David, *The Political System,* New York, A. A. Knopf.

14. Wilcox, Leslie D. et al., *Social Systems Models of Indicators of Social Development — A Preliminary Methodological Framework,* vol. 1, p.2, Iowa State University, 1972.

15. Stohr, W. B. Development from Below: The Bottom-up and Periphery-Inward Development Paradigm, in: Stohr, W. B. e Taylor D. R. F. (eds.), *Development from Above or Below*, Chichester: John Wiley and Sons, 1981.

POR UM JORNALISMO CÍVICO

Joaquim Falcão[*]

[*] Secretário-geral da Fundação Roberto Marinho e professor de direito constitucional da Universidade Federal do Rio de Janeiro.

O problema

Pelo menos três fatores têm sido responsáveis pelo crescimento do Terceiro Setor no mundo ocidental: a redefinição da natureza e funções do Estado moderno, a progressiva implementação da democracia participativa, que complementa a democracia representativa, e a expansão do setor de serviços da economia, onde atua a imensa maioria das ONGs, fundações e associações comunitárias.

Todos estes fatores encontram-se também presentes no Brasil de hoje. Acresça-se, porém, um quarto, que nos é peculiar, e que contribui decisivamente para o crescimento do Terceiro Setor entre nós. É o fortalecimento da sociedade civil, como ator político e econômico, possível com o regime democrático e a Constituição de 1988. Por isto, não se pode dissociar, em nosso país, o crescimento do Terceiro Setor da consolidação da democracia. Trata-se, muito mais do que de uma automática dádiva da história, de um compromisso forjado cotidianamente pelos brasileiros.

Ora, o compromisso com a democracia não é apenas do Terceiro Setor. É o compromisso maior de nosso jornalismo, de nossa imprensa, também. Compromisso que começa pela efetiva prática da liberdade de expressão e pela ausência de qualquer censura prévia. É livre a manifestação de pensamento, sem a qual democracia não há. Neste sentido, para a consolidação da democracia convergem o Terceiro Setor e a imprensa. Partilham do mesmo ideal.

A imprensa tem prestado inestimáveis serviços ao Terceiro Setor. Que o diga o Viva Rio, que dificilmente teria conseguido mobilizar os cariocas contra a violência sem o decisivo apoio dos principais jornais do Rio de Janeiro. Que o diga a Campanha pela Cidadania e Contra a Fome, do Betinho. No entanto, basta olhar atentamente para constatar que as relações entre Terceiro Setor e imprensa, nos últimos anos, paradoxalmente, têm se caracterizado mais pela divergência que pela convergência. Alianças problemáticas. Percorrem caminhos diferentes, conflitantes muitas vezes. A sinergia democratizante que poderia consolidar relações é ainda difícil. O Terceiro Setor muito se queixa de uma parte da imprensa incapaz de compreender a prática privada em favor de um objetivo público, que não o valoriza, ao contrário, e que freqüentemente o atinge com críticas, nem sempre consistentes, e quase sempre conjunturais. Incompreensões, de ambas as partes. Por que isto?

Compreender esta característica — a dicotomia entre objetivos convergentes e práticas divergentes — que tem moldado, embora não exclusivamente, as relações entre a imprensa e o Terceiro Setor é a tentativa deste pequeno texto. Para tanto, vamos inicialmente detalhar as divergências. Em seguida, vamos identificar possíveis soluções que tendem a aparecer.

As divergências

Identificamos pelo menos três divergências básicas entre a imprensa (entendida aqui em seu sentido amplo) e o Terceiro Setor, resultado muito mais das diferentes culturas e práticas profissionais do que de intenções premeditadas. São elas as seguintes.

1. O Terceiro Setor é basicamente uma iniciativa do setor privado, seja empresarial, comunitário ou sindical. Não visa nem o lucro, nem o poder. Não obstante, justifica-se pela busca de um fim eminentemente público. É um setor privado, porém público, como se costuma dizer. Esta aparente ambigüidade constitui sua razão de ser. Aliás, só é ambigüidade para aqueles que reduzem as relações sociais à oposição entre o público e o privado, entre o governo e a sociedade.

Se, por um lado, esta complexa natureza do Terceiro Setor já foi formalmente bem compreendida pela imprensa, por outro, ainda não teve essa compreensão o poder de moldar novas práticas profissionais da imprensa, quer na redação, quer nos departamentos comerciais, habituados que estão, como a maioria dos brasileiros ainda, à poderosa presença do Estado, quase onipresença, durante os longos anos do regime autoritário, e à conseqüente oposição sociedade *versus* Estado.

Vejam o exemplo da redação. A pauta preferencial, as manchetes dos jornais, a fonte mais habitual, todas são ainda fortemente *government oriented.* O hábito do cachimbo fez a boca torta. Para a maioria das reportagens e editoriais o interesse público segue se confundindo com o interesse do governo. O noticiário econômico é ainda voltado para a política econômica do governo. A política é ainda sobretudo a política partidária . Mesmo num país onde a grande maioria, inclusive dos jornalistas, acredita inexistirem partidos verdadeiramente representativos e poderosos.

Vejam os departamentos comerciais, outro exemplo. Aí, é pior. O Terceiro Setor não alcançou vencer as tradicionais práticas comerciais. São departamentos que não se incomodam, ou se incomodam pouco, com a ênfase concedida pela redação aos governos e aos políticos. Mas que se incomodam muitíssimo com qualquer menção feita aos projetos do Terceiro Setor vinculados a empresas, por exemplo. São departamentos comerciais propensos a aceitar um maior crédito ao prefeito que inaugurou, como convidado apenas, a praça ou o museu restaurado, do que à empresa que financiou a restauração. Em muitos casos, cada vez menos freqüentes, felizmente, jornais e televisões omitiam o nome das instituições privadas que participavam de um projeto de natureza social, e o faziam a partir não do interesse público, mas das normas ditadas pelos interesses comerciais das próprias empresas de comunicação. Esta situação está mudando.

Os departamentos comerciais de nossas empresas de comunicação começam agora a aprender como lidar com este problema. Se permitirem noticiar o nome da empresa ou da associação, estarão de alguma maneira, é óbvio, contribuindo para uma melhor imagem do patrocinador, cuja conseqüência, uma delas, será um benefício comercial. Não há dúvidas. E que, portanto, deveria ser tratado comercialmente. Mas ao não permitirem noticiar de forma completa, suprimem informações relevantes para uma melhor compreensão por parte do leitor ou espectador. E o fazem não no interesse destes últimos, mas por seus próprios interesses comerciais. Enquanto não se estabelecem novos critérios, o jornalismo ou "veta" ou opta por importâncias desiguais: focaliza o partido muito mais do que a comunidade, o ministro muito mais do que o líder comunitário, a prefeitura muito mais do que a empresa privada. Digo que esta situação está mudando por experiência própria. Cada vez mais nas Organizações Globo, por exemplo, um universo maior de jornalistas e responsáveis pelo setor comercial se esforçam tentando criar novos padrões de convivência capazes de conciliar os interesses do Terceiro Setor e das próprias empresas.

No fundo, esta posição de uma parte da imprensa revela, ainda que de maneira não refletida, uma eventual preferência pela democracia representativa, dificultando, sem pretender, a implementação da democracia participativa. Aquela, sendo como foi, mas não sendo mais, mais importante do que esta. Já sabemos que esta preferência tende a desaparecer na democracia moderna. Sobretudo às vésperas da revolução que a participação direta do cidadão via Internet fará na política. A democracia moderna tende a ser um *mix*, moldado pela complementaridade entre as democracias direta, representativa e participativa. De qualquer modo, o fato é que a maioria dos jornalistas ainda trabalham com a dicotomia governo *versus* sociedade, público *versus* privado. Enquanto isso, o Terceiro Setor destrói esta dicotomia ao exercitar o privado, porém público. Eis aí uma divergência importante.

2. Uma segunda diferença entre o Terceiro Setor e a imprensa é a seguinte. A razão de ser das ONGs, fundações e associações não é nem o poder nem o lucro. Sua razão de ser é a possibilidade — ideal, utopia ou ilusão, não importa — de poder contribuir para solucionar alguns dos problemas brasileiros. Sejam eles sociais, educacionais, culturais ou de saúde pública. O foco de sua contribuição para a democracia é a solução. Ou, pelo menos, a esperança de solução. É a crença, realista ou não, de que o país pode dar certo. Construir a democracia é, pois, para o Terceiro Setor, propor soluções, assumi-las, e tentar implementá-las.

Já a imprensa acredita que o Brasil vá dar certo criticando-o. O foco de sua contribuição para a democracia é o problema. É a crítica, e não a proposição. É como se a democracia fosse essencialmente exercitar a liberdade de expressão, e exercitá-la fosse criticar. Crítica não a favor, mas crítica contra. Ao ser contra, o jornalismo estaria sendo a favor de um outro Brasil. "Durma-se com um barulho deste", diz, perplexo, o Terceiro Setor. Sobretudo porque nem sempre os pressupostos da crítica, o que permitiria um saudável e produtivo debate, são revelados. Ou melhor, quase nunca.

Esta não é uma atitude exclusivamente brasileira, importante que se diga. A imprensa mundial é em sua maioria assim. A notícia é a catástrofe. Prefere-se a polêmica, muito mais do que o consenso. O acidente muito mais do que a normalidade. O fracasso retumbante ou a impossibilidade crônica muito mais do que a mudança pacífica e cumulativa. A imprensa, que raramente aposta, sempre critica o vencedor. É como se o exercício da liberdade de expressão e o compromisso com a democracia se extinguissem com a ênfase na problemática, e esqueça-se a solucionática. Eis aí outra divergência relevante.

3. Finalmente, um terceiro aspecto sobre as complexas relações entre Terceiro Setor e imprensa diz respeito menos à natureza da notícia, e mais ao tratamento que ela possibilita. A competição entre os órgãos de imprensa os

obriga a buscar sempre o furo, o inesperado, o imprevisível. E quanto mais espetacular o furo maior o sucesso. Donde acabam por enfatizar muito mais o espetacular do que o cotidiano. O retumbante excepcional mais do que o rotineiro. É bem verdade que cada dia mais as histórias de vida, assim como as experiências do cotidiano anônimo de interesse macrossocial ou exemplar, ganham mais espaço na pauta do jornalismo. E isto é muito bem-vindo. Mas em geral ainda se enfatiza o espetacular.

Não são poucas as organizações do Terceiro Setor que, percebendo esta preferência da imprensa, se especializaram em ações espetaculares. Uma minoria tem conseguido boa cobertura da imprensa, como ocorre com os tribunais organizados pela Anistia Internacional, ou os protestos do Greenpeace. Fazem um pacto em torno da notícia-espetáculo! Da mesma maneira, causas defendidas por nomes e artistas famosos, sinceros ou não, ganham muito espaço no jornalismo, e este espaço é apoio vital. Sobretudo se considerarmos que um dos instrumentos absolutamente indispensáveis para o sucesso da maioria das iniciativas do Terceiro Setor é a capacidade de mobilizar pessoas. De mobilizar a sociedade civil. A utilização de nomes famosos em campanhas do Terceiro Setor é, aliás, pelas pesquisas realizadas nos Estados Unidos, um dos principiais fatores de seu sucesso. O que não impede que muitas vezes tenhamos grandes nomes com pequenas causas se sobrepondo a grandes causas com pequenos nomes.

Eis aí, então, pelo menos três diferenças que distinguem a prática da imprensa da prática do Terceiro Setor. Enquanto aquela ainda trabalha com a dicotomia público-governo *versus* privado-sociedade, esta não o faz. Enquanto aquela valoriza o problema, esta valoriza a solução. Enquanto aquela busca a notícia-espetáculo, esta busca a ação cotidiana. Quais então as soluções capazes de, respeitando a identidade de cada um, tornar os caminhos mais sinergéticos?

As soluções

As três soluções que a seguir descrevemos não são propostas. São antes tendências que identificamos como já começando a existir no Brasil. Se vão se consolidar ou não, é outra história. Vamos a elas.

A primeira das soluções para equacionar estas divergências, muito mais culturais e profissionais, repetimos, do que políticas e intencionais, é uma não-solução. É simples. É ver estas diferenças não como conflitos, mas como complementos. Ninguém muda. O papel da imprensa é apenas este mesmo: o exercício da crítica permanente. O *rationale* é mais ou menos o seguinte: o ideal comum, a consolidação da democracia social, política e econômica a que nos dedicamos neste fim de século, fracassados que somos desde a República, este ideal comum necessita tanto dos que enfatizam o problema, quanto daqueles obcecados pelas soluções. Necessita da crítica e da proposta. Do espetacular e do cotidiano. Não há pois incompatibilidades, mas complementaridade, saudavelmente democráticas.

Esta não-solução, que tem um fundo de verdade, é no momento ainda ingrata para com o Terceiro Setor. Por um motivo simples e fácil de entender. A imprensa tem o Terceiro Setor como uma matéria-prima de sua crítica. Enquanto que o Terceiro Setor ainda não tem a imprensa como uma matéria-prima para seus projetos de mudança. O Terceiro Setor dorme ainda com a ilusão da imprensa parceira. Sonho, muito mais do que realidade. Utopia, muito mais do que experiência. O Terceiro Setor tem com a imprensa uma relação de amor e ódio. De busca e repúdio. Tem ainda de propor um novo modelo de imprensa para o Brasil.

Duas outras tendências, cada vez mais observáveis, porém, indicam que a sinergia entre imprensa e Terceiro Setor pode vir a ser incrementada. A primeira é a seguinte.

A imprensa, ou o jornalismo escrito, falado ou televisado, como se dizia antigamente, é no Brasil uma atividade empresarial. Como tal não escapa às modernas estratégias de marketing de qualquer empresa ou grupo empresarial moderno. Tem de investir no marketing social. O que aliás não é tendência apenas brasileira. Cito sempre um exemplo, e um espanto, que tive.

No Ano Internacional da Alfabetização, a UNESCO convocou para uma reunião em Paris os principais grupos de comunicação do mundo. Lá fui como representante das Organizações Globo, através da Fundação Roberto Marinho. A UNESCO convidara as empresas que investiam em alfabetização. A Fundação Roberto Marinho tinha o projeto "Alfabetizar é construir" com os Sinduscons, sob a liderança de Luiz Chor. Qual não foi meu espanto ao saber que a *Time Magazine* tinha o projeto "Time to Read", que o *Washington Post* tinha igual projeto para a periferia de Washington, que a rede de televisão norte-americana ABC investia muito em alfabetização e educação, isso sem falar nos principais jornais japoneses. Projetos que poderiam muito bem ter sido feitos por qualquer ONG!

Aliás, esta é uma tendência também brasileira. O *Globo* tem o projeto "O jornal vai à escola". O grupo Abril tem a Fundação Vitor Civita. A RBS e o Grupo Maioriana do Pará também já criaram suas fundações, entidades do Terceiro Setor. A lição é simples, a ela já me referia em outro artigo.[1] Em outras palavras, a própria competição entre empresas de comunicação vai progressivamente fazendo com que elas próprias criem suas instituições e projetos do Terceiro Setor. E como tal adquirem também a lógica, o saber e o fazer do Terceiro Setor.

A partir daí, o desafio, e já é muito, é transferir este saber e fazer para as redações. E para os departamentos comerciais também.

A segunda e última tendência de solução, e com ela encerro este pequeno texto, é visível quando constatamos o surgimento, lento ainda, é verdade, de um novo tipo de jornalismo: o jornalismo cívico. O que é isto?

O desempenho do *Washington Post* no caso Watergate foi fundamental para a democracia norte-americana. E difundiu de uma vez por todas a idéia do jornalismo de investigação. No Brasil, o jornalismo de investigação prestou igual serviço a nossa então incipiente democracia no caso Collor, ao revelar o papel de PC Farias e suas ligações com o ex-presidente, e que resultou tanto no *impeachment* quanto na evidência de que as instituições democráticas brasileiras, mesmo que ainda extremamente jovens, funcionavam a contento. Melhor mesmo que instituições de países secularmente democráticos. Sobretudo o nosso Congresso.

Ao lado do jornalismo de investigação começa a surgir, tanto no Brasil como nos Estados Unidos, o chamado jornalismo cívico. Trata-se de um jornalismo de valores. Ou melhor, um jornalismo que não reduz o compromisso com a democracia apenas a exercitar a liberdade de expressão. O jornalismo cívico tem duas características principais.

A primeira é a compreensão de que a liberdade de expressão não é um direito hierarquicamente superior aos demais direitos e garantias individuais e coletivas. Na Constituição, por exemplo, está no mesmo patamar do direito à intimidade, à vida privada, à honra e à imagem das pessoas. Todos igualmente invioláveis e indispensáveis. É preciso, pois, haver um equilíbrio entre eles. A este tema me referi recentemente na revista *Exame*.[2]

A partir daí, a segunda característica é uma atitude positiva e programática na defesa de valores que considera fundamentais para a democracia. O jornalismo cívico não é um jornalismo pretensamente neutro. Ao contrário, é um jornalismo que assume a defesa de determinados valores sociais, como a defesa da família, da ética ou das instituições republicanas, por exemplo, e o faz de uma maneira positiva, afirmativa e exemplificativa. Mesmo porque, todos nós sabemos que inexiste jornalismo neutro. O jornalista, como qualquer mortal, pode se livrar da influência do governo, dos grupos econômicos, ou mesmo de seus chefes imediatos. Mas não se livra das influências que o moldaram em sua socialização, sua educação, sua cultura, seus gostos e preferências pessoais, seus amigos, seu clube de futebol ou seu partido político. Por mais que pretendam praticar isenção, neutralidade, e devem, os jornalistas são seres humanos. E, como tal, com preferências e influenciáveis. O jornalismo cívico não nega estas influências, mas as assume a favor do país. Explicitamente. Civicamente

Quando os advogados e juízes acreditam que a interpretação das leis é uma atividade racional, e, portanto, neutra e absoluta, não raramente acabam como instrumentos da ditadura legal. Quando os economistas acreditam que seus modelos matemáticos são racionais e portanto neutros, não raramente acabam a serviço da concentração de renda e da iniqüidade social. Do mesmo modo os jornalistas, quando acreditam que a liberdade de expressão seja, em vez de um meio para a democracia, um fim em si mesma, neutro e racional, não raramente a elevam à expressão da arrogância e do egoísmo. Em todos os casos, os meios se revoltam contra os fins.

Percebendo este problema, algumas organizações do Terceiro Setor começam a estimular o crescimento do jornalismo cívico. É o caso do Prêmio Ayrton Senna de Jornalismo, que explicitamente busca premiar as reportagens que enfatizem soluções para o problema de nossa infância, as crianças carentes e de rua. Não pretende premiar o jornalismo de denúncia, ou crítica apenas. Por mais importante que seja.

A defesa que faço deste nascente jornalismo cívico não significa a apologia da substituição do jornalismo investigatório ou do jornalismo de denúncia ou qualquer restrição à liberdade de expressão. Longe disso. Apenas acredito que quanto mais plural nossa imprensa for em suas atitudes e compromissos, tanto mais nossa democracia será consolidada. Tanto mais a imprensa, que, assim como as entidades do Terceiro Setor, é uma iniciativa privada, cumprirá a contento seu objetivo público. O jornalismo cívico contribuirá para tornar nossa imprensa mais aberta, e representativa de uma sociedade cada vez mais complexa. Como o Terceiro Setor, a imprensa não é um fim em si mesma. É apenas um dos múltiplos e indispensáveis meios para se consolidar a democracia.

Notas

1. Joaquim Falcão, "O Empresário e o Terceiro Setor", *in Seminário Internacional, Cidadania Participativa: rEsponsabilidade Social e Cultural num Brasil Democrático,* Rio de Janeiro, Texto & Arte, 1995, p. 65-77.
2. Joaquim Falcão, "Imprensa e Cidadania", *Exame, ano 30, nº 6, 12 de março de 1996, p.114.*

Olinda, abril de 1997.

Agradeço a colaboração de Carlos Cuenca.

COMO A CRIANÇA ENSINOU À IMPRENSA O TERCEIRO CAMINHO

Gilberto Dimenstein[*]

* *Visiting scholar* no Center of Human Rights da Columbia University e membro da Comissão Executiva do Pacto da Criança, coordenado pelo UNICEF, tendo sido nomeado *expert on mission* por esse órgão. Autor de *A Guerra dos Meninos* (São Paulo, Brasiliense, 1990; *O Cidadão de Papel* (São Paulo, Ática, 1993) e *A Democracia em Pedaços* (São Paulo, Companhia das Letras, 1996), é também colunista e membro do Conselho Editorial da *Folha de S. Paulo.*

Em 1989 comecei a revirar arquivos de jornais para fazer uma reportagem sobre o assassinato de crianças no Brasil. Nas pastas empoeiradas encontrei a primeira informação valiosa: simplesmente não havia informação.

Garimpei um amontoado de notícias esparsas, fora de contexto, muitas vezes tendenciosas. Reportagens falavam de "pivetes", apresentando-os como vírus social. Ao assassiná-los, os esquadrões da morte ou policiais apenas "cumpriam sua missão" de proteger a sociedade de uma infecção. Esta era a percepção geral. Poucos se indignavam com a impunidade, com a omissão do Judiciário, do Executivo, do Legislativo, da sociedade.

Viajei por todo o país. Em cada cidade visitava um jornal local, em busca de material que pudesse embasar minha pesquisa, abrir novos campos de investigação, dar dicas sobre possíveis entrevistados. Repetida frustração.

Quase sempre os arquivos estavam vazios, numa indigência reveladora do óbvio: o tema estava fora da agenda da imprensa porque, a rigor, estava fora da agenda do Brasil. Não encontrei uma única reportagem que tentasse mostrar o que havia por trás do extermínio que dizimava vidas de meninos e meninas pobres no Brasil.

Não era apenas a infância que estava fora da agenda política nacional. Também não havia interesse em direitos humanos, tema tão caro à elite intelectual nos tempos do regime militar, quando censuravam a imprensa, atacavam redações, prendiam e até matavam jornalistas.

O medo foi-se dissipando no fim do governo Ernesto Geisel e na gestão João Figueiredo, com a anistia. A perspectiva de tortura ou extermínio cometidos por policiais virou passado com a instalação de um governo civil, conquistado por Tancredo Neves, mas regido por José Sarney — um processo historicamente apressado com a morte do jornalista Wladmir Herzog, em São Paulo, detonador de ofensiva dentro do governo contra os radicais nas Forças Armadas.

Passados oito anos da minha pesquisa nos arquivos de jornais, mais precisamente em 21 de fevereiro de 1997, uma sexta-feira, o *Jornal Nacional*, da TV Globo, entrou ao vivo por seis minutos — uma eternidade em se tratando de televisão — na cobertura do desfile de modas de meninos de rua promovido pelo Projeto Axé, de Salvador.

Sete dias depois do desfile, que foi destaque em toda a mídia nacional, a *Folha de S. Paulo* dedicaria uma página à experiência da Mangueira, no Rio de Janeiro, onde, graças ao esforço comunitário, apoio do poder público e da iniciativa privada, a delinqüência infantil caiu a níveis jamais imaginados no morro. A Mangueira era apenas uma reportagem de uma séria criada pelo jornal para divulgar boas ações pela infância. Na mesma semana, a revista *Veja* publicou um perfil de Oded Grajew, empresário empenhado em ações sociais, presidente da Fundação Abrinq pelos Direitos da Criança.

A imprensa descobria as soluções do "Terceiro Caminho" — a possibilidade de reduzir a exclusão social a partir da engenhosa combinação de governo e comunidade.

Imprensa, sociedade e homens públicos constatam dia a dia que as fórmulas tradicionais de enfrentamento da pobreza estão esgotadas. A criança com seus projetos experimentais e bem-sucedidos ensina agora o "Terceiro Caminho", um caminho no qual se redefinem e se combinam o que é público, oficial e privado numa das mais marcantes revoluções administrativas deste fim de século.

Círculo virtuoso

Seis minutos no *Jornal Nacional* ou páginas inteiras na *Folha de S. Paulo* são parte de uma lógica jornalística muitas vezes não percebida por quem desconhece os bastidores da imprensa, entre eles os ativistas de organizações não-governamentais, inconformados com a falta de cobertura para suas atividades.

A imprensa reflete e, ao mesmo tempo, reforça as preocupações de uma comunidade, gerando um círculo vicioso.

Tradução: os cidadãos se preocupam com determinado assunto. Ato contínuo, os jornais se interessam em cobri-lo para manter sua clientela que, por sua vez, convence-se da importância de sua preocupação ao ver o assunto abordado nos jornais ou telejornais.

Essa relação é ainda mais presente hoje porque as redações são, como os políticos e empresas, mais e mais orientadas ou *inspiradas* por pesquisas de opinião. Os chefes de redação sabem quais os artigos e reportagens que "emplacam" no gosto popular, conhecem as preferências partidárias e ideológicas de seus leitores.

Num clima de competição aguçada, o paladar do leitor tem ainda mais influência nas decisões sobre o que, como, quando e quanto cobrir.

Em 1996, a *Folha* produziu reportagem de duas páginas sobre visita do educador Paulo Freire ao Projeto Axé; pouco tempo atrás tal visita talvez nem merecesse um pequeno registro. A pesquisa realizada com os leitores revelou que a reportagem estava entre os três assuntos mais lidos naquela edição do domingo, embora não tivesse recebido chamada de primeira página. Leitura óbvia: há uma demanda social por soluções para a infância.

Jornais ou jornalistas tornam-se importantes e, muitas vezes, viram história porque, ao invés de refletirem anseios e prioridades, criam anseios e prioridades alertando para novos problemas e desafios; é o que, na prática, realizam os formadores de opinião.

Entender como a infância saiu da marginalidade e entrou na agenda da imprensa é, ao mesmo tempo, entender como funciona uma redação, respondendo e interagindo a estímulos externos. Desconsiderar esse movimento é correr o risco de dificultar ou inviabilizar a tentativa democrática de influenciar a agenda da imprensa, alertando para novos ângulos ou assuntos.

Os arquivos que consultei para minha reportagem apenas obedeciam à lógica desse movimento. Uma lógica que permitiu e ainda permite que se veja como normal o fato de primeiras-damas terem monopólio de assuntos assistenciais nos governos. Primeiras-damas devem cuidar da infância porque, afinal, são mulheres, são sensíveis. Sensibilidade é "habilidade" técnica suficiente para quem quiser lidar com a infância. Não para, obviamente, dirigir o Banco Central, ou cuidar de segurança pública.

Nenhum grande jornal criou uma editoria de educação, gerando repórteres especializados e preparados para debater tendências pedagógicas; assim como repórteres de economia são preparados com noções sobre o que é balança comercial, velocidade da moeda, saldo em contas correntes, superávit primário.

Cinicamente circulava nas redações a frase de que miséria é assunto que não vende; afinal, pobre não lê jornal. Como diretor de sucursal, vi como os repórteres novatos, inexperientes, eram, em geral, enviados para cobrir em Brasília os ministérios sociais supostamente desimportantes.

O cinismo das redações ou o monopólio das primeiras-damas em assuntos assistenciais tem sólidas raízes históricas. Historiadores confluem para a constatação de que a insensibilidade social brasileira é provocada, em parte, pela longa convivência do Brasil com a escravidão. Uma escravidão que acabou sem a ruptura dramática ocorrida nos Estados Unidos com a guerra civil.

Caso de política

"A questão social é caso de polícia", dizia-se na Velha República, e até hoje há quem acredite nisso. Nos primeiros anos do século, vagavam pelas ruas filhos de escravos, tratados como delinqüentes. Registros mostram que, naquele período, as prisões tinham mais crianças que adultos.

A leitura dos documentos da polícia à época mostra uma estranha coincidência de linguagem ao se referirem aos meninos de rua, como encontrado ainda hoje. Deixavam claro que as ruas deveriam ser "limpas". Nem que fosse "na marra".

As tentativas de "recuperação" eram promovidas pelos militares, usando a disciplina e punições dos quartéis; os centros de reclusão eram, em essência, porões dos quais ainda hoje encontramos vestígios.

O século XX não abriu espaço ideológico para a infância. A "direita" imaginava que a miséria seria extirpada com a industrialização, investimento estrangeiro, melhoria da infra-estrutura. A acumulação de capital promoveria automaticamente distribuição de renda. Questão social era apenas um detalhe.

Criança e educação estavam fora também do discurso da esquerda, que, em muitos aspectos, reproduz a linguagem da direita. Fundamental seria repensar os modos de produção. Qualquer tentativa de reformar o capitalismo retardaria a libertação dos pobres.

Projetos e planos dos governos ou partidos de oposição não colocavam a educação básica como prioridade nacional. Logo, os ministérios ou secretarias da educação tinham papel secundário.

No topo da escada das redações de jornais, rádios e TVs estavam, portanto, os repórteres políticos, aqueles que privavam da intimidade dos homens do poder. Apenas na década de 1970, com a inflação crescente, iríamos ver prosperar as editorias de economia, ocupando mais e mais espaço na cobertura da mídia; ainda assim, por muito tempo, numa posição subalterna à da política.

Os grandes fatos eram os fatos políticos, num país mareado pela imprevisibilidade. Basta ver as últimas cinco décadas. Derrubada de Getúlio Vargas, volta ao poder, suicídio; renúncia de Jânio, deposição de João Goulart; crises militares, guerrilha, fechamento do Congresso, censura à imprensa; morte de Tancredo, improvisações de José Sarney; *impeachment* de Collor, substituído por um inexpressivo vice.

As manchetes estavam definitivamente loteadas. Se faltasse assunto na política, sobraria economia, com a torrente de planos, quedas de ministros e presidentes do Banco Central, troca de moeda, moratória, rombos nos orçamentos, golpes na praça, corrupção.

De 1983 até 1995 morei em Brasília, onde tinha coluna diária na *Folha*. Lembro-me de que, na imensa maioria das vezes, conseguiria escrever mais de uma coluna por dia, tamanha a abundância de crises e escândalos administrativos.

Pixote

Eram tantos escândalos que, lentamente, formava-se em Brasília toda uma geração de jornalistas viciados na cobertura de deslizes; aprenderam a navegar nos labirintos de computadores e nos intrincados caminhos da burocracia, passando por operações financeiras e detalhes de portarias oficiais.

Parecia impossível fazer com que os jornalistas prestassem atenção a uma temática marginal como a da infância, ligada ao pieguismo das primeiras-damas ou à desimportância dos projetos assistenciais do governo.

Na década de 1980, porém, são plantadas as primeiras sementes de uma nova agenda. Nenhuma delas tão simbólica quanto o filme *Pixote*, de Hector Babenco, que iria associar a temática dos direitos humanos à infância, com impacto dentro e fora do Brasil. Simbólica porque, em 27 de agosto de 1987, o astro principal Fernando da Silva Ramos morreu perseguido pela polícia em Diadema, em São Paulo, baleado embaixo da cama no casebre miserável onde vivia.

Morreu executado, prova de que a realidade das ruas era mais cruel do que a da tela. Apesar do escândalo, o Brasil ainda não estava preparado para *Pixote*. No máximo, incomodava-se com os "trombadinhas", novos personagens urbanos.

A década de 1980 foi marcada por muitos desafios. Reestruturação de uma nova ordem política, enfrentamento de inflação crônica, dívida externa monumental. Ao mesmo tempo, o país deveria reduzir a taxa de pobreza, promessa dos partidos de oposição ao regime militar.

Discretamente, um movimento se processava em torno do UNICEF, Fundo das Nações Unidas para a Infância, visando alterar a Constituição brasileira. Organizações não-governamentais e setores governamentais aliaram-se e conseguiram incluir na Constituição a garantia de prioridade à criança e ao adolescente.

Mais tarde, as conquistas se ampliaram com a aprovação do Estatuto da Criança e do Adolescente, uma das legislações mais avançadas do mundo — novamente, fruto de articulação no Congresso.

Num acordo com o UNICEF, a primeira brecha foi aberta na imprensa pela TV Globo, ao lançar o projeto "Criança Esperança". Durante vários dias por ano as estrelas da emissora insistiam no tema infância, apontando problemas e divulgando soluções.

Nenhuma instituição brasileira — oficial ou não oficial — teria força para disseminar com tanta amplitude uma mensagem, graças ao fato de estar em todos os municípios. E com audiência quase cativa.

Eficiente junto às massas, a TV Globo tinha baixa credibilidade junto às elites. Daí a importância do envolvimento do jornal *Folha de S. Paulo* ao denunciar, no começo da década de 1990, a violência contra a criança.

Naquele período, a *Folha* estava no auge de seu prestígio, depois da campanha pelas diretas, das denúncias de corrupção do governo Sarney e, enfim, quando isoladamente apontava os vícios do esquema Collor. Nenhum jornal tinha tanto prestígio entre formadores de opinião como a *Folha*, e crianças vítimas de violência se tornaram assunto quase exclusivo do jornal por um certo tempo. Uma série intitulada "A República da Ignorância", com grande impacto entre os leitores, denunciou por várias semanas a degradação da educação no Brasil. Essa série foi motivada porque um dos mais importantes empresários brasileiros, Antônio Ermírio de Moraes, escreveu coluna sobre a vergonha da educação brasileira e os riscos para o desenvolvimento do país.

A combinação TV Globo e *Folha de S. Paulo* foi poderosa o suficiente para contaminar o restante da imprensa. Dava um recado aos novos jornalistas: se abordassem a temática da infância, fariam matérias lidas e, por conseqüência, premiadas. Tão premiadas quanto as matérias sobre corrupção.

Novos ingredientes

Em 1992, com apoio do UNICEF, surge a Agência de Notícias dos Direitos da Infância (ANDI). Todos os dias, de uma pequena sala em Brasília, eram divulgadas pautas e dicas para reportagens sobre problemas e soluções ligados à infância e adolescência. Preocupada em traduzir o tema, a ANDI promoveu seminários com alguns dos mais importantes jornalistas; e logo se constataria que colunistas iriam introduzir em seus comentários dados sobre educação e saúde se municiados com dados.

A década de 1990 traz outro ingrediente vital para a mudança da agenda brasileira: diminuem as barreiras alfandegárias. Globalização vira conversa obrigatória.

Com a diminuição das barreiras, ganha popularidade a expressão "custo Brasil" — os custos que encarecem as exportações brasileiras. Entre eles, a má qualificação da mão-de-obra, fonte de desperdício e baixa produtividade. Motivo: baixa escolaridade.

Empresários e intelectuais com conexões no exterior já produziam livros e artigos enfatizando a importância do "capital humano" para o crescimento econômico. Com a microeletrônica estavam condenadas ao passado as linhas de produção em que operários repetiam gestos sob a vigilância de um "capataz". Mas, enquanto existissem barreiras alfandegárias, os empresários se imaginariam protegidos; as importações iriam esconder nossos "custos".

Foi nesse período que empresários paulistas criaram a Fundação Abrinq pelos Direitos da Criança. A maioria deles vinculados ao Pensamento Nacional das Bases Empresariais (PNBE), com uma visão mais progressista, vinculando cidadania a crescimento econômico.

Intelectuais com vivência no exterior passaram a escrever artigos sobre o papel da educação, impressionados com o desempenho do Sudeste asiático. Entre eles estavam, por exemplo, José Serra, Antônio Kandir, Pedro Malan e Fernando Henrique Cardoso, que depois iriam ocupar posições chave na administração pública.

A educação básica dava os primeiros passos para sair da ótica assistencial, do segundo plano da administração; virava ingrediente de produção como aço ou energia. Numa atitude pioneira, a Câmara de Comércio Brasil-EUA fazia experiências no interior de São Paulo para redução da evasão escolar através da reciclagem dos professores.

Os cinco primeiros anos da década de 1990 foram tumultuados: posse e *impeachment* de Collor, confisco da poupança, planos fracassados contra uma inflação que parecia indestrutível. Itamar Franco promoveu incessante troca de ministros econômicos. O ano de 1994 foi reservado à disputa eleitoral.

Naquela eleição presidencial, entretanto, educação básica aparece como prioridade dos dois candidatos no segundo turno. Outra novidade: uma ampla campanha publicitária, patrocinada pela Fundação Emílio Odebrecht, pede aos eleitores que condicionem seu voto à proposta educacional dos candidatos.

Por trás da campanha estava o interesse do grupo Odebrecht de melhorar sua imagem, manchada por seguidas acusações de corrupção trazidas à tona em comissões parlamentares de inquérito. Mas estava também a percepção da importância da educação. O dono da empresa, Emílio Odebrecht, acompanhava obras em vários países e via, na prática, o alto preço pago pelo Brasil devido à baixa escolaridade dos trabalhadores. Obras semelhantes em outros países com mão-de-obra mais educada custavam mais barato.

A agenda nacional só iria abrir espaço para temas alternativos (como a busca de novas soluções para a criminalidade, por exemplo) com a estabilidade do Plano Real, em 1995. Depois da eleição de Fernando Henrique Cardoso, a inflação deixou de monopolizar o noticiário, levando o Brasil a enxergar e começar a discutir a degradação na saúde, educação e segurança.

Neste ano, mudei-me para Nova York. Apenas nesse período minha coluna, intitulada "América", conseguiria sobreviver. Estava decidido a fugir do oficial, que me envolvera por treze anos, e, digamos, dar um choque de privatização e globalização na coluna.

Arrisquei enviar semanalmente comentários, análises e informações sobre experiências de educação, impacto tecnológico, desafios ao emprego, globalização, projetos sociais e comunitários.

Estaria condenado à condição de pária se, pouco antes, dedicasse tantas linhas ao combate à violência em Nova York — uma experiência que virou popular no Brasil porque a congestionada agenda nacional dava mais espaço para mais preocupações e busca de soluções.

Numa quarta-feira de cinzas, em 1997, coloquei em três linhas que tinha lido um texto interessante sobre as habilidades educacionais necessárias para o século XXI. Quem se interessasse deveria acessar a Internet, uma minoria. E saber ler inglês, mais minoria ainda. Chegaram mais de 2 mil consultas, o que revela o anseio por uma informação útil que tonifique os direitos e possibilidades.

O interesse pelo assunto é, em boa parte, movido pela globalização, um tema que virou rotina, assim como o debate sobre os desafios para enfrentá-la, em meio ao pavor do desemprego estrutural.

Criou-se um consenso nacional em torno da idéia de que as taxas de crescimento econômico estavam condicionadas à taxa de cidadania, o que implica mais e melhor educação. Em poucas palavras, mais proteção à infância.

Nenhum indicador é melhor do que o Prêmio Esso para medir o interesse da imprensa em determinado assunto. Em 1996, o mais importante prêmio jornalístico do país criou a categoria "Infância". Para surpresa dos organizadores, chegaram centenas de inscrições.

Felizmente, o círculo virtuoso está voltado para a criança e o jovem, atitude fundamental para a redução do *apartheid* social e a construção da democracia no Brasil. A descoberta do óbvio, da importância estratégica do investimento na infância, fatalmente levará a uma rede de ações na saúde, educação, nutrição, direitos humanos, lazer. Os jornais, mais ágeis do que os governos, já estão se reciclando e montando estruturas para servir melhor seus leitores.

Impressão e Acabamento
Bartira
Gráfica
(011) 4123-0255